民國歷史與文化研究

十 六 編

第 **3** 冊

富連成詳考（上）

李德生、包珈 編著

花木蘭文化事業有限公司

國家圖書館出版品預行編目資料

富連成詳考（上）／李德生、包珈 編著 -- 初版 -- 新北市：
花木蘭文化事業有限公司，2023〔民 112〕
序 8+ 目 6+138 面；19×26 公分
（民國歷史與文化研究　十六編；第 3 冊）
ISBN 978-626-344-189-7（精裝）
1.CST：富連成 2.CST：京劇 3.CST：中國戲曲
628.08　　　　　　　　　　　　　　　111021710

ISBN-978-626-344-189-7

9 786263 441897

民國歷史與文化研究
十六編　第三冊　　　　　　　　ISBN：978-626-344-189-7

富連成詳考（上）

編　　　者	李德生、包珈
總 編 輯	杜潔祥
副總編輯	楊嘉樂
編輯主任	許郁翎
編　　輯	張雅淋、潘玟靜　美術編輯　陳逸婷
出　　版	花木蘭文化事業有限公司
發 行 人	高小娟
聯絡地址	235　新北市中和區中安街七二號十三樓
	電話：02-2923-1455／傳真：02-2923-1452
網　　址	http://www.huamulan.tw 信箱 service@huamulans.com
印　　刷	普羅文化出版廣告事業
初　　版	2023 年 3 月
定　　價	十六編 5 冊（精裝）新台幣 14,000 元

富連成詳考（上）

李德生・包珈 編著

作者簡介

李德生，原籍北京，旅居加拿大，係加拿大文化更新研究中心研究員，致力於東方民俗文化和中國戲劇之研究。有如下著作在國內外出版發行：

《束胸的歷史與禁革》（臺灣花木蘭文化事業有限公司出版 2021 年 3 月）；

《粉戲》（臺灣花木蘭文化事業有限公司出版 2021 年 3 月）；

《血粉戲及劇本十五種》（上中下）（臺灣花木蘭文化事業有限公司出版 2021 年 8 月）；

《炕的歷史與炕文化》（臺灣花木蘭文化事業有限公司出版 2021 年 8 月）；

《煙雲畫憶》（臺灣花木蘭文化事業有限公司出版 2021 年 8 月）；

《京劇名票錄》（上下）（臺灣花木蘭文化事業有限公司出版 2021 年 8 月）；

《禁戲（增訂本）》（上下）（臺灣花木蘭文化事業有限公司出版 2021 年 8 月）；

《春色如許》（臺灣花木蘭文化事業有限公司出版 2022 年 3 月）；

《讀圖鑒史》（臺灣花木蘭文化事業有限公司出版 2022 年 3 月）；

《摩登考》（臺灣花木蘭文化事業有限公司出版 2022 年 3 月）；

《圖史鉤沉》（臺灣花木蘭文化事業有限公司出版 2022 年 3 月）；

《旗裝戲》（臺灣花木蘭文化事業有限公司出版 2022 年 8 月）；

《二十四孝興衰史》（臺灣花木蘭文化事業有限公司出版 2022 年 8 月）。

包珈，包緝庭先生的女公子，臺灣著名影帝郎雄的夫人，前臺灣中國電視公司著名導播、臺灣有線電視臺的節目製作人。

提　　要

《富連成興衰四十年》是一部研究上世紀京劇科班史的重要史料。原作者老北京資深名票包緝庭先生，先生因與富連成社的師生稔熟，且目睹了富連成起始、興衰的全過程，其著述當屬第一手的見證。可惜這些文稿未能成書刊行，僅散見於香港《大成》雜誌的連載之中。筆者於十五年前，經臺灣京劇名宿、富連成子弟孫元坡先生介紹，得與包緝庭先生的女公子、臺灣中國電視公司著名導播、臺灣有線電視臺的節目製作人包珈女士相識。在她的熱情支持下，我們對緝老的這組遺文進行了精心的整理編輯，並補入了有關富連成歷史的老照片數十幀，集腋成書，使之成為再現富連成盛衰史的一部有價值的圖書。近年來，筆者又蒐集到一些有關富連成的新資料，遂補寫了《富連成年表（1901 ～ 1948）》《富連成教師行跡考》和《富連成八百弟子行跡考》等文字續之於後，亦是為京劇科班史的研究者增添一些鳳毛鱗爪耳。

序　言

　　我愛聽戲，尤其愛聽京劇。小時候是爺爺奶奶帶著去看戲，稍長就自己跑戲園子了。因為家住北京西城平安里，往北是人民劇場，往南是長安戲院、西單劇場，兩下里都不遠，下了課，吃過晚飯去聽戲是十分方便的。當初，聞名遐邇、婦孺皆知的馬連良、譚富英、李盛藻、張君秋、裘盛戎、袁世海、李萬春、李少春、趙燕俠、杜近芳等人的戲看了不少，就是老一輩的藝術大師梅蘭芳、周信芳（麒麟童）的戲，我也有幸趕上了，各自看過一場。當時，年齡還小，對於梅先生的《宇宙鋒》好在哪裏，尚不能深刻領悟；而周信芳的《宋士傑》，他那神完氣足的凜然正氣，迄今使人記憶猶新。至於晚一輩的角兒，如孫岳、劉秀榮、楊秋玲、俞大陸、劉長瑜、吳玉璋等人的戲，以及時常晉京演出的大角如，關鷫鷞、言慧珠、高盛林、楊寶森、厲慧良、丁至雲等也都盡覽無遺。在同齡人中，我對京劇癡迷的程度，可以說到了刻骨銘心的地步。

　　到我參加工作的時候，正趕上「文化大革命」，舞臺上只有八齣「樣板戲」。回首一看，所有老戲都被冠以「帝王將相、牛鬼蛇神」趕下了舞臺，掃除得一乾二淨了。

　　20世紀80年代，我應聘加入體改委屬下的《中國農村經營報》（後改為《中國經營報》）公關部工作。自此，又恢復起聽戲的生活。而且因工作需要，不僅聽戲，還在報刊上開闢專欄，開始聊戲了。一度應游默先生和過士行先生之邀，在《戲劇報》、《北京晚報》上撰寫了不少劇評。1987年，報社與中央電視臺、中國劇協聯合發起舉辦「全國首屆中青年京劇演員電視大選賽」的活動。筆者榮任大賽辦公室副主任，為劇壇新秀，如於魁智、李勝素、杜鎮傑、李宏

圖、張萍、李海燕、藍文雲等人的崛起，搭臺起灶，評獎宣傳，也算是為京劇振興做過一些實事。

每當看到一批批優秀的京劇演員，在舞臺上生龍活虎地上演著一齣齣精彩的活劇，便使人產生一種對京劇藝術溯本求源的欲望。例如，一百年前的京劇科班富連成，就是一個十分引人入勝的研究課題。可以說，富連成是京劇藝術的搖籃，富連成歷時四十多年，培養了喜、連、富、盛、世、元、韻七科學生近千人，是京劇史上歷史最長、規模最大、造就戲曲人才最多的一個科班。四十年中，富連成演出劇目亦近四百出，深受社會歡迎。深入地挖掘、整理富連成的史料，對重新回顧傳統文化的源流，有著重要的意義。富連成培養的無數俊才如天女散花一般，將京劇的種子散撒於大江南北，為宣揚國粹、發展京劇事業做出了無比巨大的貢獻。可以說，富連成是是一座傳播京劇藝術的大學校，是一個巨大的播種機。在全國各地的戲劇演出團體中遍布富連成的子弟，他們把京劇表演藝術一代代的薪火相傳，直至而今，光繁葉茂、業績輝煌，功不可沒。但是，由於世事顛簸，歲月洗磨，有關富連成的史料檔案，隨著富連成的倒閉，多已風流雲散。存至而今的文字、圖片已屬鳳毛麟角，使人難知曉全貌。進入五十年代，由於政治的需要，被劃為「剝削童伶」的私人班社富連成，被打入另冊，再也無人提及。直到「四人幫」倒臺之後，挖掘傳統，百廢待興，富連成方如出土文物一般開始進入人們的眼簾。

筆者曾經聽藝壇老人們說，70 年前，唐伯弢先生曾寫過一部《富連成三十年史》，因是自費出版，印數只有二百冊，行世稀少，很難尋到。20 世紀 40 年代，馬連良先生曾用了多年時間，從某著名藏書家處覓得一本，視為珍寶，不肯輕易示人。後來，他率團赴港演出時，曾將此書贈送給出版家沈葦窗先生，希望擇機出版。沈先生不負重託，將其編入《清末梨園史料》叢書，在臺灣出版。筆者只聞其事，而不知其書之貌。90 年代，筆者有一次到和平門內梅氏老宅拜訪梅葆玥女士，無意間在沙發上看到一本《大成》雜誌。其中，刊有臺灣著名劇評家包緝庭先生所寫《富連成興衰四十年》的幾頁殘篇。因為，包緝庭先生家學淵源，不僅是舊京名票，而且是一位資深的戲曲史研究大家，著作等身。包氏與舊京名伶交往甚廣，對富連成的教師和學員稔熟，對富連成的歷史興衰親歷親見，所談佚事，皆有根有據；書成文字、娓娓道來，極其生動。使舊日富連成的人物、故事，栩栩如生，躍然紙上。所憾，該文頗長，在《大成》雜誌上曾連載二十餘期，長達兩年之久。當時，筆者只讀得一期，難知全

貌，因之，搜求這部「野史」的想法，就一直存在心上。

　　筆者退休之後，旅居加拿大。溫哥華這個地方，居住著許多華人，儘管各自的背景不同，政見不同，但對京劇藝術的喜愛，卻像磁石一樣把大家吸引到一起。這裡有兩個大票房，一個是有二十多年歷史的「頤社」，另一個是「列治文京劇社」。該社成立於 1998 年，是由北美名票、張君秋的弟子章寶明女士主持，社裏聚集著一群海內外事業有成，而且對京劇頗有造詣的愛好者。如原臺灣空軍副司令袁行遠先生和臺灣農業司司長張訓舜先生、「裘派」花臉馮寶義、「馬派」老生簡承滔、「楊派」老生謝偉良、著名琴師陳涵清（曾經輔佐過黃桂秋）、張平安等人。再加上愛唱「麒派」的筆者，大家聚在一起檀板清歌，或粉墨登場，每次聚會都是一臺火熾的京腔大戲。慕名前來的名家也著實不少，如著名戲劇表演藝術家宋長榮、畢谷雲、楊傳英、吳玉璋、沙淑英等，以及臺灣政要郝柏村，倪信忠等都曾在此引吭高歌、一展風采，為弘揚中華戲曲文化力盡綿薄。在這隔萬里之遙的異域他鄉，這種雅集也稱得上是「談笑有鴻儒，往來無白丁」了。

　　票友蔣聯雲先生是一位出版家，也是一位圖書收藏家。他存有許多的港臺出版物，包括上百本的《大成》雜誌。筆者從他那裡讀得包緝庭回憶富連成的文章計十七篇，但依然不全。據蔣先生講，《大成》及《大成》的前身《大人》在海外華人中極有影響，是部出了名的「一人雜誌」。從集稿到刊校、發行，全憑出版家沈葦窗先生一人支撐，二十年間所歷艱難可想而知。自其病故，《大成》也就隨之謝幕了。原本每期刊印的數目就參差不同，更兼知音日稀，縈懷戀舊之文，已是昨日黃花，要想集齊，實屬不易。

　　於是，我在票房裏發動港臺的票友們，再囑託他們分頭發動親友，去挖掘各自收藏的舊雜誌。恰巧，吳玉璋伉儷從美國前來探親，順便來家小酌。談起富連成舊事，他的興致倍增，說馮耿光先生的孫媳在美國曾贈送他許多舊的戲劇資料，其中就有不少富連成的文字，回美後一定代為搜求。真是得道多助，到了年底，捷報頻傳。美國和港、臺的朋友們或是從家中舊藏，或是從香港中環舊書店的老闆手中購入，這樣又集得《大成》雜誌二、三十冊。整理了一下，包緝庭先生的《富連成興衰四十年》終於首尾齊全，集成全豹了。

　　只是原雜誌所刊照片，多已漫漶，不適刊用。筆者在 UBC 亞洲圖書館管理員王慶祥先生的幫助下，從庫中借出了一些民國期間北京、上海的老報刊雜誌，以及民國 2 年至民國 13 年間，中華圖書館陸續出版的老《戲考》（亦稱

《顧曲指南》）和 30 年代出版的《立言畫刊》等雜誌中，把有關富連成藝員的演出劇照悉數選出，擇其優者，盡可能地編入書中。譬如第 17 冊中的程（陳）連喜，第 21 冊的趙連升、第 24 冊李連貞等人的戲裝像，他們都是曾經紅極一時的「連」字輩中的佼佼者，只是因為紅的時間不長，逐漸湮沒，他們的劇照未能廣泛流傳。但作為富連成史料而言，就顯得更加珍貴了。此外，筆者還把富連成曾經演出過的老戲樓、老會館的舊照以及老戲單、老年畫等資料，作為背景烘托，編入書中，也算是補入的一些「圖史」，使內容更加充實。

在本書即將付梓之際，在吳玉璋、孫元毅和孫元坡先生的幫助下，筆者終於與遠隔重洋的包緝庭先生的女公子包珈女士取得了聯繫。包珈女士現住臺北，原是臺灣中國電視公司著名導播，退休之後，不離本行，仍然擔任臺灣有線電視臺的節目製作人。其夫君係已故的著名國際影人郎雄先生，他與李安、徐立功並稱影壇「黃金三角」，並主演《推手》《喜宴》《飲食男女》《臥虎藏龍》等多部獲獎影片，享有「影帝」之稱。據包珈女士告知，包緝庭先生早在 25 年前便因病謝世了，享年 80 高齡。生前著述甚豐，但多已散佚，家人亦收藏無多。她對於筆者的收集整理包緝庭先生的舊作和研究富連成的工作，給予了熱情洋溢的讚揚。並應筆者之邀，對此書的全文進行了審讀和校勘，並撰寫了包緝庭先生的行記一篇，又為本書提供了一些珍貴的照片。使得本書更加充實精彩。

在本書草成之際，富連成創始人葉家的後人，曾多次至函筆者表示支持和感謝。寄身臺灣京劇界的富連弟子孫元毅和孫元坡先生，在讀罷此書草稿時，也曾幾度掩卷落淚。感慨數十年間背井離鄉的風雨歲月，唯京劇藝術和昔日師友們的音容笑貌，依然夢憶魂牽著海外遊子的赤誠之心。深入研究富連成的始末，不僅是個學術問題，而且，還有著更為深刻的文化內涵。

在編輯此書期間，筆者對富（喜）連成科班的內部組織、教職員工、全體學生的名單、學員的科班生活，以及教師所授的課目和演出的劇目等，也進行了一些深入的研究，盡其所知地編撰了《富（喜）連成年表》和《富（喜）連成教師行跡考》兩則短文，較為系統的描述出富（喜）連歷史的興衰過程。為日後的研究者提供一個參考的梗概。正如張中行教授在《我看京劇丑角》一文所說：「就京劇的歷史說，富連成科班的活動不是早期的，可是傳藝的辦法最完備，因而培養的人才最多，超級名角如馬連良、小翠花、裘盛戎、葉盛蘭等都可以獨樹一幟，成派，且不說，就是出科而未成大名的許多人，也都是工夫

紮實，一舉手一投足都可以充典範。」僅此一點來說，富連成為京劇藝術所留下的保貴遺產也是其他任何一了科班都無法比擬的。

　　總之，在戲劇研究領域中筆者還是個外行，書中如有錯訛不當之處，還望專家多多教正。在此，謹向幫助我搜集資料、圖片，並為本書出謀劃策的師友、同好們一併致以感謝。

作者李德生

2022 年春月重寫於溫哥華

我的父親包緝庭

包　珈

　　先父包緝庭先生係包文正公第二十八代後裔，祖籍浙江紹興。咸豐年間，曾祖父衡甫公來京赴試中第，官拜工部員外次郎，因洪楊之亂，祖居歸不得，方定居於北京南城大安瀾營。其後，先祖輩及先伯叔均在晚清、民國諸政府機構累任公職，為京師一族。

包緝庭先生小照。

　　先父譜名桂熙，字緝庭，族中排行十二。來臺後，因年紀較長，友儕昵稱「緝老」。先父生於清光緒二十八年（1903）正月十四日，卒於 1983 年陰曆二月二十七，享壽八十。

　　先父幼時，與眾兄弟就學於族中書房，延聘西席，學習國學。及長，入北京法文學堂複習西學。二十歲，出任北洋政府公職，1937 隨長官公差東北。1942 年回京，於市財政局供職。1948 赴臺從商，歷任臺灣「和興食品罐頭公

司」、「亨達利鐘錶有限公司」、「華懋貿易公司」經理或副總裁。

先父自幼侍從長輩與民國政要、社會賢達，酬酢往來，詩酒宴罷，即興舞榭歌臺。在中國傳統文化的薰染之下，七、八歲便與京劇結下不解之緣。與富社教授如王連平，科中子弟如孫盛文等，結成深厚的師友之誼。年及弱冠，便開始習做編劇、撰寫劇評，多見刊於《實報》，時人將其與王道之教授並稱為富連成之「護法」。

先父來臺後，經商之餘，仍然浸淫於京劇藝術，樂此不疲。每遇富社子弟、榮椿才俊，皆鼎力扶助，以期振興徵羽。後大鵬劇團興起，遂復執筆劇評，全力宏揚國劇。文章開始刊登於《華報》、《新生報》，後臺灣各大報刊如《中央》、《中華》、《大華》、《自立》、《民族晚報》、《春秋》、《中外》、《戲曲論壇》、《萬象》，甚至，香港《大人》、《大成》及日本《讀賣新聞》等爭相約稿，一時洛陽紙貴，被譽為海外「北派京劇劇評家」之第一把交椅。

先父注重劇事，勤於筆耕，每晚觀劇歸來，即把筆如飛，連夜成文。臺灣各京劇團的演出情況，皆栩栩如生地再現於文字之間。先父為文，常用四六對句，引經據典、談古道今，且個性耿介，主見甚深，評論藝術，臧否得失，落墨公允，不趨世俗。他認為：「惡者，眾口難鑠成金；朱者，他人也難奪為紫。」

先父記憶力超凡，大鵬劇團在臺灣演出的許多骨子老戲，均靠先父與蘇盛軾、孫元坡、馬元亮等人攢薈默記，恢復重排的。例如全本《白蛇傳》、《嫦娥奔月》、《梅玉配》、《胭脂虎》、《棋盤山》、《武十回》、《宋十回》、《黑驢告狀》、《九里山》、《大名府》、《贈綈袍》、全本《慶頂珠》等，不勝枚舉。後來，一些大陸的京劇錄音傳到香港，先父又指導孫元坡等人，重排了全本《群英會》、《霸王別姬》、《將相和》、《除三害》等劇。先父對京劇藝術腹樓淵博，允文允武，尤善「開打套子」，這些，對國劇在臺灣的建設和振興，貢獻可謂良多。除齊如山先生之外，人稱他是一部國寶級的「京劇字典」。

而今，先父的舊作多已散佚，家人亦收藏無多。現寓居加拿大的學人李德生先生，歷多辛苦，竟獲全豹，並將部分文字整理成書，得以與大陸讀者見面。對此，本人不勝感激之至。

包珈

2008 年 6 月於臺北

目次

一部珍貴的富連成興衰史：
富連成興衰四十年

第一章　牛葉聯手草創喜連成

牛子厚一怒開戲園

前清光緒二十六年，義和倡亂，仇教啟釁，以致八國聯軍進京，兩宮西狩，但也有較遠的城市，卻還能安靖如常，市面穩定，尤其是遠在關外的吉林、黑龍江這些離京城遙遠的省份，一般平民幾乎不知已臨國破家亡的局面，還在那裡自得其樂。

此時吉林省城裏，有一位富商，姓牛名秉坤，字子厚，大家均尊稱之為牛三爺，他家世代經商，家資豪富，在吉林省城內有些個整條街的買賣，牛子厚所獨資經營的，就占去廠三分之二，其聲勢也就可想而知了。

牛家的買賣，在招牌字號裏面，都有一個「升」字，這是吉林省城裏人所共知的事，只要看見有「升」字的字號商店，如非牛家獨資經營，也必有他家大部分股本在內。在吉林東大街上有一家藥店，字號是「保升堂」，這是牛家各種生意的一個總管理處。前清時代，在東北有幾句歌謠，是「吉林三宗寶，人參、貂皮、烏拉草」。因為吉林所產的老山參不但品質精美，而且藥力宏效，所以經營藥店的批發零售，獲利最豐。不過吉林的藥鋪與北平、天津各地大不相同，就是兼營茶葉買賣的生意。按說藥材和茶葉這兩樣東西，都是最容易互相串味的，絕對不能放在一處，比如您買一包香片茶葉，再抓一料湯劑飲片，把兩包東西放在一起，等回到家裏打開一聞，保險是茶葉裏有了藥味，而藥材中也沾上了香片的味道，所以關內各地，甚至大江南北，這兩種營業決不開設在一處，但吉林省境內就不然了，經常是藥鋪裏帶賣茶葉，好似牛子厚家開的保升堂亦不例外，尤其這種買賣，不但是藥鋪外帶茶葉鋪，而且是洋廣雜貨綢

—3—

緞布匹無所不賣,當地人管這種買賣叫做「掛紅幌的」,為的是他們門前除了掛著木質的丸散膏丹的牌子以外,在大門左右還掛著一對二尺多長、一尺來寬的紅布幌子,表示是售綢布,兩旁玻璃窗內把什麼海馬、鹿茸與龍井、香片陳列在一處,如果沒有到過吉林、長春的人,可能認為這是無稽之談,其實這是千真萬確的事。

喜連成東家——牛子厚

牛子厚,本名牛秉坤,字子厚,祖籍山西太原。1866 年(同治五年)出生於吉林,是清代著名巨商「船廠牛家」的第四代傳人,其祖牛金玉從辦大車店兼營油、鹽、煙、麻起家,到了牛子厚掌家時,已在吉林城擁有「升」字商號幾十家,並在東北各主要城鎮都布有商號買賣。牛子厚愛聽戲,而且最愛聽京班的皮黃,這是他倡辦「喜連成」,無意中為中國京劇事業發展作出了巨大貢獻的一大契機。

喜連成社長——葉春善

葉春善,富連成班主。字鑒貞,號仲利。原籍安徽省太湖縣,生於北京。誕辰:1875 年(光緒元年乙亥);逝世:1935 年 12 月 19 日(民國二十四年乙亥十一月廿四日),享年六十一歲。

牛子厚在北平前(正陽)門外打磨廠地方,還開了一個匯劃莊,字號是「源升慶」,附設在打磨廠西口內「新大同店」裏面。在清朝沒有普設銀行的時候,北平與各省各地民間互相匯兌銀兩,都是銀號或匯劃莊,以及北平前門外珠寶市那些家爐房代辦,不過銀號是以門市兌換銀兩為主,爐房是以溶化銀錠元寶為主,並兼營代客捐班的生意,唯有匯劃莊是專做匯兌、撥劃款項的,以資本

殷實、信用昭著為最要緊，只要做得可靠，用不著有漂亮的門面，自可招來生意，所以源升慶，就在新大同店裏租用兩三間房子，便可以幹這種「坐莊」的營業了。

吉林地區的小戲班

這是清末年間吉林地區民間劇社的一張剛演完戲，演員尚未完全卸妝的老照片，當時吉林地區的地方戲均雜以二人轉、嘣嘣戲等，謂之「小戲兒」。時風仰慕京城的京劇，稱之為「京腔大戲」。牛東家家中養有戲班，從小就在粉墨臺前臺後薰染，特別喜歡看戲。晉京商時朝夕泡在茶樓戲館，遂萌生注資開辦京劇班社的想法。

　　牛子厚雖然是一位商人，但他對於戲劇音樂非常愛好，而且很懂，所有舊戲裏面的文武場的吹打拉彈，全都拿得起來，說一句內行話就是「六場通透」。因其愛聽戲，所以在吉林省城內幾家戲館子中算是一位老顧客了。他雖然有這麼多的錢財，對於穿著打扮，並不十分考究，時常在冬天穿一件藍布面的舊貂絨皮袍（貂絨是東北所產著名的輕暖皮裘），滿街上蹓躂，不認識他的人，絕想不到他就是富甲全省的牛三爺。

　　就在庚子年（1900）冬某一天，他又是衣敝溫飽晃晃悠悠的，走到當地天仙茶園去看戲，恰巧招待他的那個賣座的（上海稱為案目）是個新上工的，根本就不認得他是誰。對於這位其貌不揚、穿著隨便的客人，先入為主，是看不起他。牛子厚在靠大牆處找到一個座位，告訴看座的說：「你給我拿個墊子來」，因為早年舊式戲園裏，靠大牆的座位都是用磚砌起來的高臺，上面再以石灰抹平便是座位，冬天坐上去，真是冰涼，若沒有個棉墊子，這場戲就沒法子聽了。

清代的茶園（取自清人壁畫）

「讀畫如讀史」，我們可從這幅清人壁畫中，詳實地看到清代都城茶園的內部情況。舞臺上的伶人在做戲，臺下的看客邊聊邊「聽」。「三行」人等（即服務人員）穿梭其間，一邊招呼客人聽戲，一邊做著小生意。在吉林就有一個與此近同的茶園，其中就有一個不開眼的夥計得罪了聽戲的牛子厚。這位牛爺一生氣，就自己蓋了一座戲園子。

賣座的原就疑他貧而生厭，今見他還要坐墊，便一口回絕說「沒有」，牛子厚說：「怎麼你們連坐墊都不願購？」那賣座的毫不客氣，更加重了語調說：「等你自己開了戲園子，再找舒服吧，我們這裡就是這樣兒，你老是愛聽不聽。」早年舊戲園之雜役欺侮生客人往往如此，不足為怪，但牛子厚平日頤養成習，焉能受得這種氣惱，當時一言不發，站起就走，有些老賣座的認識這是老主顧，趕緊過來賠不是，又申斥那個新來的夥計，但牛子厚已胸有成竹，立志要賭這口氣，任憑誰勸也不成，結果還是走出門。回到家裏便把保升堂的老掌櫃叫來，教他趕快準備，年底以前把天仙茶園對面的大小幾家買賣，該結束的結束，該合併的合併，限他在祭灶（臘月二十三）以前，將房地一律騰空出來，自有用處。保升堂掌櫃的接到這個指示，固然莫名其妙，不過東家既然如此吩咐，只好是遵命整理，準備如期覆命。

轉過年來開春解凍，牛子厚雇了許多瓦木工人，把關閉的那些店鋪一律拆成平地，重新翻造，周圍用杉篙杆子搭成架子，圈成一個大圓圈，外面再用木板隔成板壁，只留一個大門運送材料供人出入，幾百個工人在裏面工作，管吃管住，就是不准出來，更不許外人進去，其主旨就是防止走漏消息，一般人只知道牛家把鋪子拆了，另建新屋，究竟裏面蓋的是什麼華廈，誰也不知道，在

那年月，既無工務局這類機構，更談不到什麼「建築許可證」，所以牛子厚這個「違章建築」，也就沒人敢管，事實上那個時代，只要是拆改自己的產業，誰也無權過問。

直到這年年底，工程才完，到了光緒二十八年新曆正月初一，把外面的木板杉篙拆除，人家才知道這是建了一座新式戲園，字號是「丹桂茶園」，正在天仙茶園的對面。大年初一，新戲園子開張，誰能不進去觀觀光，還沒開戲就上了個滿坑滿谷的顧客，對門天仙可就慘啦，只有些因為丹桂茶園客滿而退出來的座客，才湊合了一兩成的座兒，天仙的老闆知道這是前年新來的那個賣座的得罪了牛子厚，才惹出這麼一個對頭來，當時便把那個惹禍根苗立即辭歇，永不錄用，以作為慢待顧客的一個懲戒。那個賣座的被天仙辭了出來，便跑到丹桂茶園大門外，向裏面一跪，磕頭認錯，求見牛三爺賠不是。這時牛子厚正坐在前臺櫃房裏，與幾個前臺管事的頭目人兒聊天，商量公事，聽說這跪門求見的事，立刻派人把他叫進來，當眾以教訓的口吻說：「你說等我自己開了戲園子，再找舒服，你看看，今天我的戲園子可是開張了，你怎麼反倒不舒服了呢？」那賣座的說：「得啦，牛三爺，想當年我是有眼不識泰山，你老人家足人人不記小人過，替找在大仙老闆面前說句好話，讓我回去得啦。」牛子厚說：「不必，既然他把你辭了，我收留你，在我的園子裏做事，但有一層，遇到生熟客人，總得一律的謙恭和氣招待人家，再要使你那傲慢脾氣，替我得罪主顧，那你就快要餓死了。」那賣座的感激萬分，磕頭道謝，就在丹桂又上了工。牛子厚每逢十天半個月，在非營業期間，必將前臺所有賣座的召集在一起，向他們訓一次話，總是囑咐他們，以逢迎顧客為主，以前事為誡。因之丹桂茶園的買賣是蒸蒸日上，而對門天仙，從此一蹶不振，門可羅雀，不久便告歇業關門了。

丹桂茶園開張以後，不但前臺的夥計們做到了和氣生財，後臺的班底和角色們，也算是吉林城中獨一無二。因為牛子厚在戲園未開張以前，就約定了一班從北京來的角色，在此打炮露演，一貫的以「京腔大戲」來號召觀眾，這就是牛子厚善於經營、腦筋靈活的一個佐證，他約來的這一堂京角之中，就有後來富連成科班創始人葉春善先生在內。

葉春善搭班到吉林

葉春善，字鑒真，祖籍安徽省安慶府太湖縣人，在前清道光晚年，葉春善

的父親葉中定，是四大徽班中「四喜班」的一位著名昆淨，繼該班的夏花臉（佚名）之後，陪著名老先生王九齡唱《澠池會》的廉頗，《除三害》的周處，《戰北原》的鄭文，都很受臺下歡迎。他不僅擅長文戲，因為有昆腔的底子，所以在腰腿武功上，也相當過得去，所以有些文武兼重的架子花臉戲，也就非他不可了。在同治初年，四喜班中的武生，有小紅喜和呂增祿兩人，他們唱《四傑村》《五人義》《惡虎村》這一類的戲，都是由葉中定為主配鮑自安、顏佩韋等角，至於偶而在前場唱《山門》《嫁妹》之類開場戲，也能叫進幾成座兒來，其原因是他的資歷比三慶班的何桂山、崔連奎兩人都早。葉中定一直唱到光緒中葉，那時候說到花臉一行，也算是一位前輩老英雄了。

葉中定原配夫人中年去世，只留下一個兒子，名叫葉福海，因其幼年喪母，從小便送入四箴堂大老闆程長庚所辦的三慶科班學戲，入學伊始，也是先習昆淨，後來才兼學皮黃花臉，所有三慶科班出身的學生，沒有一位不是昆亂兼擅的，譬如青衣陳德霖，花旦余莊兒，老生李成林（後改名壽峰，人稱李六，乃李盛藻之父），武生張淇林（就是演《安天會》出名之張辰保），小生陸杏林（以演窮生為一絕，外號陸庫兒），丑角侯幼雲，此外還有兩位著名的花臉，就是錢金福與李壽山（人稱大李七），這些人都是葉福海的師兄弟，在民國初年，上述這些位老先生都還健在，哪一位全稱得起是「蜚聲菊壇」，唯有葉福海雖然也是身懷一身絕技，可惜他困於煙霞，抽上了鴉片煙，只能以教戲終老了。

葉中定中年喪偶，續配又生了二子，一位就是在本文中所要談的葉春善，另一位便是他的胞弟葉雨亭，葉春善是前清光緒元年（1875）所生，自幼便進小榮科班學戲，因為他從小時候便生得方面大耳，相貌堂堂，所以教師們便教他學老生，但是那時候小榮椿科班裏的學生們，出類拔萃的太多了，類似武生楊小樓（在科的時候叫楊三元）、小生程繼先、馮春和，老生蔡榮貴、朱天祥、譚春仲，丑角郭春山，花旦郭際香（即老水仙花）諸人，哪裏能顯得出葉春善呢。不過早年科班的教授法，與今不同，是凡屬某一行學生應學的戲，就把這一行的學生集中訓練，固然唱的時候，是挑選好的上臺扮演，可是在私底下，是一律傳授，就在乎自己肯不肯用心去學了。葉春善學了許多戲，雖沒有上臺唱正角的機會，但他卻把每一齣戲中主配各角，以及其他不相干的角色，都熟諳於胸，稱得起「腹笥淵博」這四個字。到了光緒十七年倒倉，嗓音一直沒恢復過來，出科之後葉中定已然去世，葉福海雖然搭班，所掙的錢還不夠他買煙

泡兒呢，自然談不到養家了。葉春善因為父親沒有留下什麼積蓄，連一所房子都沒置下，胞弟又正年輕，只好把這養家的千斤重擔，一人擔負起來。

葉春善因為家無恆產，又兼母老弟幼，不能不努力奮鬥，以圖生存，這十年來的工夫，葉家景況，始終是在省吃儉用、刻苦支持中度過。但葉春善不但會的戲多，而且在後臺的人緣好，頗得大部分同業的愛惜與欽佩，人人都樂意和他交往，日子長了，自然搭的班子既多，朋友也交了不少，其中性情相投、肝膽相照的，有八九個人，結為金蘭之好，這一盟中，年齡最長的是宋富廷的父親宋起山。第二位是蘇富恩的父親蘇雨卿。第三位是王連平的父親王長慶。第四、七、八三位，都是上海梨園界的人，葉春善行五，第六位是徐春明，第九位是唐宗成，這一盟把兄弟拜完了以後，自然更互相關照，彼此幫忙。後來這幾位把兄弟的後人如宋富廷、蘇富恩、王連平，都進富連成科班學藝，上一輩拜把子，下一代就成為同堂習藝的師兄弟了。

葉春善在梨園界，雖非「超等名角」，就憑他一身的技藝，與良好的人緣，更兼這些位盟兄弟的關照支持，也就足以溫飽的了。可惜的是沒過幾年，便遇到光緒二十六年義和團事起，八國聯軍進京，兩宮西狩，人心惶惶，一般官民，誰還再有心思坑樂，各戲園子當然也都停演，過了兩三個月，市面稍微安靜，便有些臨時的戲園，約請名角，湊幾天戲，或請票友彩唱，都是臨時性質，所以一切也都因陋就簡，戲園中買賣不好，葉春善的收入自然也就有限了。一直維持的過了年，到了光緒二十七年秋天，兩宮預定轉年就要回鑾，從此，戲班的生意才漸漸得到好轉。

馮蕙林應邀組戲班

就在這年冬天，吉林省城裏牛子厚所蓋的丹桂茶園快要落成，派人到北平來約角，出關演唱開張的元旦戲。這個約角的人，首先便找到了同春班中後臺管事的馮蕙林。他是三慶班唱青衣的章麗秋門徒，章麗秋所收徒弟中，除了小生馮蕙林以外，還有後來教授梅蘭芳唱崑腔的崑旦喬蕙蘭等人。馮蕙林的女兒名叫馮金芙，是北平戲校出身，後來嫁給名小生姜妙香做續弦夫人。

馮蕙林雖然接受了牛家派人來京約角的邀請，但是要找這一班適當的角色，卻是大費躊躇。因為這時候，和議方成，西太后與光緒帝已有信兒快要回鑾了，北京城內人心安定，正是否極泰來，漸入升平的景況，有名的好角誰肯扔下現成的飯碗，衝寒冒雪的跑到關外去受洋罪。在牛家方面，不是怕花錢，

想邀好角來撐面子，何況馮蕙林想在這一局事裏撈幾個錢，就是牛家派來的人也想從中找一點好處，於是便在種種原因之下，不得已而求其次，湊了一堂二路角色，就整裝出關去了。

這一隊人馬，頭牌老生是劉春喜，此人雖非科班出身，卻是名人之徒，他是韓家潭西安義堂，揚州青衣胡喜祿的弟子，後來譚鑫培的同慶班裏，劉春喜與李順亭（大李五）是幫角老生中的左膀右臂，譬如《珠簾寨》的周德威，《定軍山》的嚴顏，《失街亭》的王平，都得先僅劉春喜扮演，萬一他在別班有事趕不過來的時候，周德威才能給錢金福，嚴顏、王平歸大李五呢。所以這次丹桂開張，由劉春喜打炮，雖然名望不夠，但是憑他那一身的技藝，在長白山下卻稱得起是頂兒尖兒了。

這次約的青衣乃是譚鑫培的第三個兒子譚嘉祥，小名寶兒，他本學的是武旦，在那年他是三十二歲，嗓子正衝，所以兼唱青衣，以名伶後裔為標榜，到了關外，只憑一個「譚」字，就能值錢，何況他正在綺年玉貌、皓齒珠喉的時代，又有一身文武不擋的工夫呢。除了上述的老生青衣以外，裏子老生約的便是葉春善，還有丑角勾順亮等人。

這一個遠征東北的戲班組成以後，就在臘月二十三日，祭完了灶啟程出發，在談「公事」、撒「定洋」的時候，講明劉春喜、譚嘉祥是坐頭等車，其餘配角都是二等車。可是那時候北平到奉天的京奉鐵路竣工通車未久，北京城內還沒有京奉與京漢的東西兩個車站，京奉車的起點是設在永定門外馬家堡的地方，離城很遠，大家到了火車站，牛家約角的人便對大家說，因為車少人多，買不到預定的票位，只好屈尊大家，於是劉春喜與譚三都坐的是二等車，其餘配角以及場面、跟包等人，連同戲箱、行李，一律全上了一輛包妥了的「鐵悶子車」，也就是所謂的鐵皮貨車。這分明是約角的人為了賺這筆車票錢，而使大家受罪，可是那時候的京角出外，沒有後來這麼大的排場，差不多的都是頭一次看見火車，誰也不知道上了「鐵悶子車」是什麼滋味，因之也就全都無可無不可的上去了。開了車以後，大家打開了鋪蓋，席地而臥，彼時都是客貨混合列車，沒有小站不停的特別快車，更兼沿途要上貨、下貨、等車、錯車，非常耽延時間，由北京往關外去，正值三九嚴寒的天氣，可以說是越走越冷，葉春善因為家境不十分充裕，衣單被薄，躺在冰涼鐵板的火車上，一走便是三四天，等到了吉林省城，已經受寒成病，雖然還能支持得住，但是嗓音，卻已「一字不出」了。

《失印救火》葉春善（右）飾白懷

葉春善本人留下的劇照不多，目前只發現這一張，是 20 世紀初，他與蕭長華一起在科裏給學生示範演出《失印救火》，葉春善飾演白懷。從這張老照片上，也可以領略到這位老藝術家在舞臺上直恭直令、認真嚴肅的作風。

　　馮蕙林帶領這班京角，到達吉林，正逢歲末臘尾，經約角人介紹，見了園東牛子厚，就在牛家客廳裏預備了一桌豐盛筵席，把這一些有頭有臉的角色讓到上座，名為是接風宴，在梨園行「跑碼頭」的規矩裏，管這一頓，叫做「下馬飯」，飯後大家便商量決定三天打炮的戲碼。次日一般配角都搬到後臺去住，唯有譚三與劉春喜兩人，在牛家花園的小書房內下榻，以示優待。到了光緒二十八年正月初一，丹桂茶園開張，這一天大軸子戲，是《法門寺》帶《大審》，劉春喜的趙廉，譚嘉祥的宋巧姣，勾順亮的賈桂，葉春善在這齣戲裏扮的是宋國士。他因為長途旅行勞頓，又兼受了風寒，嗓音喑啞，雖然到了吉林休息了幾天，仍然沒有恢復。到了初一這天中午，場上三齣吉祥戲唱完，正在中軸武戲的時候，葉春善便找到了馮蕙林去商量，說：「我嗓子仍然是一字不出，萬一在場上把這大軸子給唱砸了，未免讓東家看著不大好，我想請您把宋國士這

個角派別人扮，我再歇兩天好不好？」馮蕙林當時把眼一瞪，說：「怎麼著，白花花的包銀接了人家的，到這時候你不扮戲，這不是『臨場推諉』嗎？」葉春善碰了一個硬釘子，只好是無言而退。這種情形，牛子厚正在後臺，看得明白，對於這個年輕藝人因勞致病，請假不准，反遭呵斥，心中非常同情他，但是礙於後臺的公事，雖以園主之尊，也是無法過問的。

這一天的《法門寺》，廟堂叩門以後，宋巧姣回家見了宋國士，那時葉春善雖然勉強登場，但是區區的幾句念白，也是有字無音，臺下瞧著，直彷彿看他在演默片的電影。到了《朱砂井》驗屍的時候，更是唱不成聲，可以說是窘迫已極了。當晚葉春善自己跑到牛家，見了牛子厚，說明嗓音已啞，短期不能登臺，與其在這裡尸位素餐，倒不如退還包銀，自己先回北京。牛子厚說：「你嗓子啞了，情非得已，談不到退還包銀，我就請你暫時在我後臺當一名管事的，一面休養，一面替我照料照料，既來之則安之，何必獨自先回北京呢？」葉春善經牛東家這番勸勉之後，真是感激涕零，從此就在丹桂後臺，作了一名文行的小管事，每天不辭勞累，兢兢業業的，把每一齣戲，每一個角色，甚至一場一場的，都給看管得齊齊整整，誰有不會的詞句、地方，他都管說管教，而且待人接物，永遠是和顏悅色，藹然可親，一點兒管事的派頭都沒有，後臺的演員對他是無不敬重而又欽佩的。牛子厚原本是個戲迷，每天總在後臺，把這一切的情形全都看在眼內，心中就另外有一個打算了。

請吃西菜觀人於微

牛子厚這人，平素喜歡結交梨園界的朋友，這次自己開辦了戲園子，又約來這麼多京角，更是投其所好，除了經常長駐後臺與他們盤桓之外，還常約這班後臺管事的，與劉春喜等人把酒言歡，雖非三日一小宴，五日一大宴，但這位牛東家卻能變換方法，巧借題目，約大家出來聚餐，一方面是為敷衍這些管事的角兒，藉資聯絡感情，另一方面說，也是生意發達，賺了錢才有這種特殊的禮遇。

有一次，牛子厚忽然異想天開，從哈爾濱的一個朋友家中，借來了一個專做西餐的廚子。在光緒二十幾年的時候，既沒什麼英法大菜，更沒有後來那種適合中國人口味的西餐，在東北一帶，只有所謂俄式大菜，流行於松花江沿岸，供貴族化的人物品嘗。至於遠自北京來的梨園行中人，不用說見識，可以說連聽說過的都很少。這次在牛家客廳裏，約請丹桂後臺的幾位名角參加這個西式

宴會，入座之後，當然內中有些個沒開過洋葷的，顯著那麼手足無措，刀叉亂用。唯有葉春善，卻能沉著應付，神色自然，他唯一的妙訣，便是偷眼看著，主人怎麼辦，他就學著怎樣做，譬如落座以後，先把玻璃杯裏的口布，拿過來鋪在胸前，吃麵包要用手撕開，再抹牛油或果子醬，第一個湯上來，用湯匙向外舀著喝，喝到快要完了，用左手翹起湯盤的邊沿，向外邊舀，第二個魚來了，用什麼刀叉，第三個牛扒來了，應用什麼刀叉，他完全是唯牛子厚之馬首是瞻，決不慌張，搞得刀盤亂響。他只管偷覷著牛子厚，但牛子厚也未嘗不注意著這一桌人初嘗異味的動作神情，矚目所及，只有一個葉春善，是形態自若，宛如素習，更感覺這個人聰明機智，異於凡俗了。

在每次牛子厚設宴的時候，葉春善總不俟終席，先行離去。牛子厚若是挽留不放，葉便說：「館子開戲的時候到了，我這個當管事的，總得在打通兒以前下後臺。」說完就匆匆走了，牛子厚因此更器重他有責任感，決非一般流連誤事的人可比。經過若干次的考驗與試探，才認為這個人，年少老成，妥實可靠，才堪大用，可委重任。到了光緒二十九年，癸卯春天，日俄兩國為了互爭在我國東北的權益，兩方面外表上還在折衝樽俎，骨子裏已經劍拔弩張，互相備戰，眼看著兵燹炮火，一觸即發，吉林距離奉天、長春、哈爾濱都不算遠，當然一朝有事，也是難免淪為戰區，所以丹桂這班京角，也都紛紛請求回去，免得捲入戰火，牛子厚也不便挽留，就分批送他們回去。

有一天又在家中設宴，給劉春喜與葉春善兩個人餞行，在酒筵中，牛子厚就問葉春善，此番回去，預備作什麼打算？葉也因為賓主相處年餘，彼此感情不錯，如今離歌將唱，分別在邇，便歎了一口氣說：「蒙東家這一年多的恩待，此次回去，萬一嗓音不能復原，也只好就在管事的群中混一口飯罷。」牛子厚說：「你為什麼不成個科班，教點學生，也免得你這一身技藝，長此湮沒呢？」葉說：「成個科班，談何容易，我雖有這種心思與精力，但是說到底錢事亦難，哪裏找這個財東成全我做這一番的事業呢？」牛子厚笑著說：「只要你肯辦，錢是不成問題，我來給你做東家，你到了北京，就放心去辦好了，我們兩個人，彼此互相信任，也不用訂立什麼關書合同，今天有劉春喜在座為證，我們是一言為定，我給你開一張二百兩銀票的兌條，你到了北京，到打磨廠新大同店裏，有個源升慶匯劃莊，那是我的買賣，見條就兌現銀，用完不夠，只管來信，我馬上就給你繼續撥款，你意如何？」

北京東打磨廠原清季新大同店源升慶匯劃莊舊址。

　　按說葉春善以一個貧困的伶人，遇到這樣意外的殊遇，若是換了別人，必然是樂不可支，唯恐求之不得的了。但是他的為人一向是忠誠耿直，不但未動聲色，反而推辭著說：「這可使不得，因為拿出錢來辦一個科班，與做別的買賣不同，第一是至少要墊辦三年兩載，才能使這群徒弟出臺演戲，縱然難能挑簾紅，也得四五年之後，才可以見到了回頭的錢，何況東家遠居關外，科班設在北京，一切錢財來往支出，都不能當面商酌，很容易發生誤會。牛東家平素經營別的商業慣了，這個辦科班的買賣恐怕不能夠盡如理想吧！」牛子厚聽了這話，哈哈一笑說：「春善，你太小量我了，想交給你錢辦個科班，並非是為了圖利，一則看你這人妥靠忠厚，又有這一身的技藝，免得長此默默無聞。二則也為你造就出一撥梨園子弟來，至於你說的，關裏關外彼此在錢財上容易發生誤會，我是『信者不疑，疑者不信』，既然把錢交給了你，一切用人行政，你只管放手去做，是賠是賺，但憑天命，我相信你這個人，你對於我，決不會錯了良心。話呢，我已經說到這裡，你還有什麼可推辭的？」此時劉春喜在旁也幫忙向葉春善一慫恿，葉春善此時只好硬起頭皮點頭答應，一回北京就把這件事辦起來。

　　吃完了飯，牛子厚當即開了一張二百兩銀子的兌條，又另外給源升慶的經理寫了一封信，大意是，見條即付，萬一葉某人有何急需，不必來信請示，僅先墊借等語。信與兌條，當時交付葉春善，三人一面吃茶談天，又商量到辦這個科班用什麼招牌，劉春喜說：「牛東家的買賣每個字號都用一個『升』字，我看這個科班就叫『連升』吧，取個『連升三級』吉利語。」牛子厚說：「『連升』兩個字倒還不錯，可惜太俗，既然是由你給起的，我就借用你的名字裏一個字，不如叫『喜連升』吧。」劉葉二人都點頭稱好。牛子厚把這三個字來回地念了幾遍又說：「這個『升』字，總覺有一點俗，而且也不大順嘴，念出來也不響亮，我看這個科班，與我那些別的買賣不同，莫若不用這個『升』字，換個別的字，也無不可。」劉春喜在旁就笑了，說：「既然東家不想用這『升』字，那麼就換個『成』字吧，因為這個科班的名字裏，不要只有我一個人，也應該把他拉上呀。」說到這裡，用手向著葉春善一指，牛子厚卻聽不懂他這是什麼意思，怔怔地問道：「此話怎麼講呢？」葉春善臉一紅說：「劉先生這是開玩笑呢，因為我的乳名叫做『成兒』，所以他才有這麼一個提議。」牛子厚說：「這沒有關係，俗語說『人的名，樹的影』，我看就用『喜連成』，這三個字倒是很好，不必再另想了。」當時大家盡歡而散，次日葉春善便隨同劉春喜辭別了牛子厚，一同登車進關，回轉北京去了。

第二章　五虎上將與六大弟子

　　葉春善回到北京，行裝甫卸，並沒顧到自己搭班，當務之急便是籌備組織喜連成科班的計劃。他在沒有邀聘教師、招收生徒以前，先把這個科班的內部結構，一切管理，各行教師，經濟監督，種種規則與辦法，詳細地擬了一個腹稿，這些規矩與細則，並非是葉春善獨出心裁，他也有所本，完全是依照當年自己在小榮椿科班在科的時代那些成規舊法，一一因襲著來運用到自己這番事業上，再因時制宜，加以增減刪潤，而成為喜連成科班的章程，這裡面是恩威並用，寬猛相濟。葉春善雖然幼而失學，識字不多，但他有一副玲瓏的心竅和聰敏的腦筋，幾天工夫，便把當初小榮椿科班的一切，想了個八九成了。

昇平署賜楊隆壽座

　　小榮椿科班創辦人楊隆壽號顯亭，生於前清咸豐初年，習武生，兼武老生，曾搭四喜班，任當家武生，與當時享名於三慶班的楊月樓（楊小樓之父）、春臺班的俞菊笙齊名。

　　在搭入四喜班的這一段時期內，有幾樁與梨園界有關的事情，值得特為一記。第一件，就是他得時小福諸人的援引，進到宮裏演戲，不但承應演戲，而且兼充昇平署外學的教師（《清昇平署志略》載：光緒九年武生楊隆壽被挑入）。清宮的規矩，遇有排戲的時候，如值皇太后駕到或遇皇帝親臨觀賞，負責教戲的人也應垂拱侍立。唯有楊隆壽可以在太后及皇帝面前有個座位，這是只此一人並無二份的異數。也就是因為他在臺上的技藝與教授的淵博，深得皇太后所激賞，才有這種破格賜座的特旨。

　　第二件事，便是楊隆壽在搭四喜班的同時，又自辦小榮椿科班，聘請姚增祿諸人為教師。這個科班，規矩最嚴，教授的宗旨，也是以崑曲為主，武戲為要，所以他那裡出來的人，像楊小樓、程繼先之流，幾乎沒有一個不是擅長崑腔，武功精湛的。郭春山晚年，以《金山寺》的小沙彌，與《蕩湖船》的李君甫兩角，稱絕一時，雖蕭長華也要讓他一籌，因為他在科時代，這兩個角色便是他的本主兒，一直唱了五十多年，成為蘇丑的規範。至於葉春善在科班裏，也是崑亂兼習，到後來喜連成與富連成各科學生，每遇學到崑劇《卸甲封王》和皮黃《摘纓會》這兩齣戲的時候，必是葉先生自己來教，也就是為了他對於這一類的戲，自恃有所獨擅的緣故。

　　第三件就是在光緒十八年，楊隆壽把他的長女，許配給梅巧玲的次子梅竹芬，這年距梅巧玲去世是整整十年了。梅竹芬乳名二鎖，他的長兄梅雨田，自幼就在四喜班學習場面，文武崑亂，無所不擅，後來幫著譚鑫培，他那一把胡琴與劉順的鼓，能使譚老闆倚之如左右手。梅竹芬八歲喪父，由哥哥撫養成人，聘師學戲，先唱崑旦，後改小生，很有出息。楊隆壽看出這個小孩將來有希望，又因與梅雨田父子交誼甚厚，所以才把愛女下嫁，第二年結婚，到了光緒二十年九月二十四日生了個兒子，就是後來聞名中外的梅蘭芳。可惜到了光緒二十二年，梅竹芬竟以癆疾病故，使楊隆壽目睹愛婿夭亡，女兒孀居，這份刺激就不用說了！

楊隆壽小照。

這時候的小榮椿二科的學生已都出科，科班早已報散，楊隆壽也不再出臺，居家教子。他的長子名叫楊長喜，就是楊盛春的父親，只是一個二路武生角色，平平而已。過了幾年，八國聯軍由天津打進北京，西太后帶著光緒皇帝，逃往西安，各國洋兵把北京分界管理，戰勝者的姿態本來就使人瞧著不好受，何況言語不通，習慣不同，那些洋兵，不分晝夜，很隨便地就往平民家中亂竄，搶擄對象，調戲婦女的事，在所難免。那時候年輕的婦女，如臨大敵，整天用煤煙子把臉抹得漆黑，躲著不敢露面，有的白天藏到房上，兩餐都由家人往上送飯，不到夜靜，不敢下來，其苦可知。楊隆壽家住在前門外李鐵拐斜街內小外郎營，他家後院，有一間小屋，是專為堆存舞臺上的道具，內行名為「切末」的。楊家的女眷以及親戚來避難的女客都是白天躲在這間房裏，到了晚上，外間一點也沒聲息了，才敢出來抖抖氣。恰巧有一天，那些洋兵忽然跑到楊隆壽家裏來了，不問情由就往屋裏闖，最後這幾個洋兵跑到後院，一定要進這間堆存切末的小屋裏去看看，楊隆壽可真急了，橫身擋住門口，抵死不讓他們往裏去，雖然楊隆壽是個唱武生的，可是，真要動起武來，決不是幾個洋兵的對手，但洋兵們是一面好奇，一面開玩笑，擠擠鬧鬧的，非進去不可。到後來，有一個洋兵，居然掏出手槍來，比著楊隆壽的胸口，那意思就是，你再不讓我們進去，就要打死你啦。可是這時候楊隆壽早把生死置之度外，兩眼一閉，挺胸向前，兩手握著門框，衝著洋兵一咬牙，倒把這群洋兵全給逗樂了，這才嘻嘻哈哈的相率散去。可是楊隆壽卻受不了這個刺激，以後就神經失常，延至光緒二十六年就下世了！

念師門楊盛春入科

從喜連成頭科，直到富連成七科中，所有的徒弟全由家長送上門來，請求入科學藝，有些個梨園世家，譬如姚增祿的兒子姚富才，茹萊卿的孫子茹富蕙，譚鑫培的孫子譚富英等，這些人也不例外，唯有四科武生楊盛春，入科的情形就與眾不同了。因為葉春善先生自從離開小榮椿以後，常是眷念師恩，時刻不忘，楊隆壽去世，家業尚能維持，入了民國，便漸漸敗落。民國5年，富連成營業發達，葉春善便不時資助，尤其是每遇年節及他師母楊老太太壽日，必前往拜賀，十幾年來始終如一。民國12年正月，葉春善又到楊家去拜年，見盛春已近十歲，便向楊老太太要求，請他把這心愛的孫兒楊盛春送到富連成去學戲，楊老太太當然應允。楊盛春入科後，葉春善就讓他專工武生，學了一年多，

初次上臺,是在《蟠桃會》裏扮個劉海,直到民國 14 年 6 月 4 日,就是舊曆
乙卯年閏四月十四日,小四科學生才以《搖錢樹》正式露演於廣和樓。那天是
盛春飾的哪吒,朱盛富飾的張四姐,高盛虹飾的猴兒,唱完了這齣,葉先生看
著很高興,吩咐管事的給這三個人每天開十枚銅圓的「小份」(在科學生,向
無戲份,每天只付給點心錢銅圓數枚,名為小份)。這都是葉春善對師門後代
特別關照的地方。可是在盛春畢業出科以後,有一次犯了社規,這天早晨,葉
先生查問明白,派人把盛春從家中喚到學堂,還是親自動手,重責了二十大板,
這就是葉先生對於這個師侄愛之深不覺責之嚴了!

正值盛年的楊盛春(攝於 20 世紀 40 年代)　　楊盛春青年時代飾演內黃天霸

楊盛春(1913~1958)北京人,祖籍安徽桐城。為清代著名武生演員楊隆壽之孫。
9 歲入富連成科班學藝,工武生,深受葉春善的器重和培養。17 歲滿科後,仍留
在社中效力。1935 年,曾隨梅蘭芳赴蘇聯訪問,演出《林沖夜奔》《猴王盜丹》
等折子戲。

五虎上將陸續請到

　　葉春善既然把喜連成科班組織的辦法想好,便到盟兄宋起山家中,商議
開辦招生、聘請教師等等細則。宋起山原籍是上海人,自幼入梨園充當武行,
各種大小跟斗,無不精通。二十幾歲,來到北京搭班,到了光緒中葉,因為

在臺上翻「虎跳漫子」，當他落地的時候，沒有留心，把左腿上的大筋給弄傷了，而且沒有治好，落了殘疾，只好改行充任武行頭。有戲的時候，在後臺管事，沒戲的時候，便到幾個熟人家中，教他們的子弟練武功。因為他從小便是「跟斗蟲兒」出身，對於教導小孩兒們開蒙，練習翻折各種跟頭，有專門的法則和技術。宋先生雖然腿腳不利落，上身是一點兒病都沒有，尤其是他那兩隻手裏，與胳臂的勁頭兒，另有一種絕活，內行中所謂「把上有準兒」。所以凡是他選拔著教出來的徒弟，不但翻得穩、準、狠、衝，而且能翻後來幾近失傳的跟斗，類如虎跳漫子、穿心前撲等等。在民國 10 年左右，這些跟斗在北京的各戲園裏幾乎是難得一見，僅有富連成的學生還能翻，嗣後這些以善翻大跟斗出名的人，離開了富連成到各地科班去教戲，才使這些技術流傳下來。

喜連成社社長葉春、第二任東家沈秀水與喜社教職員們的合影

這幀照片攝於喜連成改換東家而易名富連成時的民國初年。照片中人物自左至右為唐宗成、蘇雨卿、葉春善、沈秀水、蕭長華、宋起山六人。其中除新東家沈秀水之外，俱是喜連成創業之初著名的教授和領導人。

葉春善與宋起山商議到招生習藝的問題，葉春善先說他到了吉林，因嗓音啞了，不能上臺，承蒙牛東家待人厚道，不但不肯把他辭歇，還留他在後臺管事，相處一年下來，彼此感情融洽，臨行之時，還交以重金，付以重任，這份恩德，必須竭誠圖報，才對得起人家這一番好心。所以在這招生習藝期

間，最好是儘量自己籌措經費，不到萬不得已的時候，決不動用牛家給的那二百兩銀子。宋起山說：「學生剛來固然可以不管吃穿，節省一筆消耗，但是請教師教戲，總要有薪水月規呀。」葉春善說：「那說不得，就得指望著這些位把兄弟們幫忙盡力了。」宋起山說：「在我們這一盟把兄弟中，現在只有兩個人，可以請他們幫忙，一個是你二哥蘇雨卿，一則他能教旦角，二則他會拉一手好胡琴，徒弟們弔嗓子，他就可以帶著辦，這叫做一搭兩用。至於打鼓的，就用老九唐宗成。」葉春善連帶著又想起兩個人來，一位是小榮椿科班頭科出身，他的師兄蔡榮貴，另一位就是後來的丑行宗師蕭長華。所以當年喜連成科班開辦的時候，除去葉春善身任班主，總管全權之外，在文武教師之中所謂的「五虎上將」便是宋起山、蘇雨卿、唐宗成、蔡榮貴、蕭長華這五位先生。

蘇雨卿是崑旦兼唱皮黃青衣，在光緒二十幾年很有一點名氣，論資格當然要晚於張紫仙、陳德林，論玩藝兒，卻不弱於喬蕙蘭之流。他與葉春善共事，從喜連成一直到了富連成，三十多年，在這個科班中，任勞任怨，從頭科的陸喜明教起，一直教到了五科的傅世蘭與李世芳。民國 24 年，才退隱家居，抗戰軍興以後，就是民國 26 年冬月，以痰厥重症不治逝世。因為發病的時間正當午夜，請醫的人去而未返，便痰湧氣絕了，總計發病到咽氣，前後不到二十分鐘。他有七子一女，長子武生蘇富恩，人性剛直，在日本人佔據華北的時候，不慣受外人統治的壓迫，於民國 28 年隻身棄家出走，逃往內地，在重慶、成都等處，以教戲糊口，是梨園界裏富有民族氣節的人。次子蘇富旭，又名富獻，是富社小三科的武二花，出科以後，一直幫著葉盛章，給他管事，他大哥離家以後，所有家庭負擔都歸他肩負起來，養母教弟，贍嫂顧侄，把個大家庭處理得融融洽洽，使蘇雨卿先生在九泉之下堪以瞑目，稱得起是個孝子。

蘇先生的三子是小生蘇盛貴，出科後，改唱裏子老生，在程硯秋的秋聲社，管事多年。四子是武生蘇盛軾，一向追隨武旦閻世善，所以他對於武旦的戲，造詣最深。五子蘇盛轍，專工青衣，出科以後改名盛琴，後來改充文場操琴，蘇雨卿的一身技藝全都傳授給他了。

蘇雨卿第六子蘇寶榮，是經勵科中的一把能手。七子蘇寶泉，是在北京電話局裏任職，蘇家也只有他一個人沒有入梨園行。因為他為人忠厚，少年老成，頗有乃父蘇雨卿之風。所以在民國 36 年 9 月間，蕭長華把五女兒嫁給他，這已經是蘇雨卿去世以後的事了。蘇雨卿的女兒，是嫁給富社三科武生沈富貴，

以上所談，是蘇雨卿家庭的大略，在葉春善找他幫忙組織喜連成科班的時候，他只有這一位女兒，還正在牙牙學語呢。

喜連成創人左二為蕭長華、左三為葉春善、左四為唐宗成。

　　唐宗成是自幼學習場面出身，擅長於打鼓，尤其對於武戲，打得更是嚴緊爽脆，能夠使臺上人唱者舒服，臺下人看著痛快。民國初年，我還趕上看他在富社打大軸子武戲，後來因為兩耳重聽，才專任富社的「場面頭兒」，不再登臺。他的徒弟很多，像方富元（武旦方連元之弟）、劉富溪（蕭長華之長婿）、葉蔭章（葉春善之次子）、陳文興、鮑鯤、陳文英、江大虎（江世玉之兄）等，都是北方武場面上的有名人物。他有個胞弟叫唐宗義，先打大鑼，後改打鼓，幫著陳盛蓀多年，他們昆仲二人，全部乏嗣，唐宗成雖有一子，乳名七十，可惜不到二十歲就患病夭亡，所以弟兄二人的晚景，都因為門衰祚薄，而感到無限淒涼。民國28年，我在奉天遇到唐二先生，談起富社學生，我用恭維的口吻說：「您這些師侄全起來了。」唐二先生歎了口氣說：「師侄全起來了，親侄子卻死了。」可見他談到後代問題，心情是多麼沉重！到了民國30年，唐宗義也以憂傷病故，卻是唐宗成還能想得開，看得破，一直在富連成管理場面，直到民國34年春天，富社解散，他才家居納福，總算是負責到底，全始全終，不負他把兄葉春善一番倚重，「連環套」朱光祖有句話：「交朋友，也不過如此了吧。」

蔡榮貴義助葉春善

蔡榮貴教戲

年過古稀的蔡榮貴（右）在給王和霖（中）、王金璐（左）
說《清風亭》，這幀照片攝於20世紀40年代初。此照片是
蔡榮貴先生授課時唯一的一幀，特保存於此。

蔡榮貴生於同治十一年，是小榮椿科班頭科的學生，本工雖是老生，但是關於武生的戲，無論長靠短打，全拿得起來，出了科以後，便離開了北京，到各地外碼頭去搭班，一直到了光緒二十四年，那時他已二十七歲，走南闖北，經過了若干地方，這些年來，他在天津便以紅生戲享了盛名，這年冬天，他才倦遊知返，回到了北京，在廣德樓登臺，除專演綠袍戲以外，還兼演武生戲，到了喜連成科班成立的時候，他已經三十幾歲了。葉春善到他家中去請他，他說：「葉師弟呀，辦個科班，可真不是一件容易的事，你雖然有這個心胸，又有牛子厚那樣的財主做東家，千萬不要自恃過甚，俗語說得好，『頭難，頭難』，你這個科班，頭一撥招收徒弟，你有什麼把握嗎？你要知道，新成立的科班，同行中對於你沒什麼認識，誰肯把子弟送來學戲，所以這收徒弟一層，自然要從外行人家中的兒女來著手，外行的小孩子，不用說學戲，恐怕他們連聽戲的機會都很少，這群孩子們，在教練、管理的種種方面上，全都非常吃力，何況你這次，是想以苦幹來打天下、創基業，沒什麼說的，

誰叫咱們是同門的師兄弟呢，這回我賣點力氣，幫你個忙兒，不但在教的方面，我是義不容辭，就是替你去物色幾個好徒弟，我也要盡全力來支持你，你只管放心，去找房子，請教習，至於找徒弟的事情，由我來替你拉攏，你就不用操這份兒心了。

蕭長華借宿火神廟

蕭長華是北京永定門外的人，自幼到城內學戲，拜四喜班丑角宋趕升為師，他還有個哥哥，是唱老生的。出師以後，跟著師傅在各班效力，雖然來不上大活，卻肯處處留心，俞菊笙的福壽班、譚鑫培的同慶班他全搭過，白天唱戲，晚間回到家中就抄本子，在光緒二十九年喜連成科班開辦之際，他與他的哥哥就都住在北京前門外小安瀾營頭條火神廟裏。因為弟兄二人收入不豐，在廟裏借一間房仕，每月送幾個香火錢，比租賃民房便宜得多了。所以現在唱《法門寺》那場，賈桂有一句「趁早找房搬家」，劉瑾問：「你給房錢哪？」賈桂說：「連我還住廟哪。」實在是蕭先生當年就這麼念，也算是現身說法，就地抓哏；臺下聽戲的人，都知道他住火神廟，不啻夫子自道，於是也能招個哄堂大笑。

蕭長華之為人，自幼便是勤儉耐勞，束身自愛，他為了搭班演戲方便，所以在火神廟裏寄宿，因為前清定律，每天到了二更以後，各城城門都要關閉下鎖，梨園行人走堂會演夜戲是常有的事，蕭家弟兄不能常出城回家，原因也就在此。

葉春善平素敬重蕭長華之人品敦厚，腹笥淵博，所以這次組辦科班，便決定邀請他幫忙助教，來到火神廟見面一談，蕭長華慨然應允，並且與別位先生一樣盡義務幫忙。葉春善見教戲的先生已經請到了五位，這才在琉璃廠西門外西南園地方租妥了一所三合房，把家眷先搬進去住，這所房子是坐南朝北：南上房三間，一明兩暗，正中堂裏供著祖師爺神龕，西裏間是葉老太太帶著兒媳與葉老三（雨亭）叔嫂二人同住，東裏間是徒弟們的宿舍。葉春善獨自在堂屋搭臨時鋪睡覺，因為院子很大，適合於練工打靶子之用，所以兩邊廂房進深很淺，西廂房是存行頭戲箱的屋子，東廂房是廚房。就是這樣因陋就簡的湊合著，這個地方便成了富連成的發祥地，也就是喜連成科班創辦時的總寓所。在這房子裏收進的生徒不到十個人，最初入科的只有六人，這就是後來人所習聞的「喜連成六大弟子」了。

蕭長華教授小照。

蕭長華與梅蘭芳合作的《女起解》。

　　所謂六大弟子，便是武喜永、張喜福、趙喜魁、趙喜珍、陸喜明、陸喜才。六個人中以武喜永入科最早，年紀最大，他是光緒十八年生，乳名大鐵兒。家中原是外行，經人介紹，拜到葉春善名下學徒。葉老闆因為他是開山門的第一個大徒弟，所以就教他學老生，他進科班那年是十二歲，嗓音還衝。葉老闆拿他當做「手把徒弟」看待，把自己畢生所學都傳授給了他，可惜喜連成剛剛有點起色，武喜永竟倒了倉，一直沒喊出來，所以他還沒有等到出科就不能上臺唱戲了。葉老闆念其是他第一個徒弟，不忍薄待他，就派他在後臺當一名管事，兼管年輕的小師弟們。凡是喜連成頭二兩科的學生，對於這位大師哥武喜永沒有不尊敬不畏懼的。後來他又得葉老闆特許，可以向各位老先生、教師們借本子抄錄。因為他雖然幼入梨園，但在小的時候念過幾年書，能寫一筆乾淨整齊的小楷，談到抄本子的事，卻有個故事，值得一談。

武喜永偷抄《三國志》

　　喜連成科班總寓，設在琉璃廠西南園，不到二年，就因為地勢狹隘，不但學生多了住不下，就是有些教師們也因為便於管理，必須住在學堂（梨園術語稱科班之總寓為學堂）裏面，在光緒三十一年春天，便遷到前門外，西河沿後鐵廠的一所大房子裏面去了。這所房子，分東西兩院，坐北朝南，規模很大，像蘇雨卿、蕭長華等幾位先生，也都同時搬進去住。蕭先生自己單占一間小屋，他所有的戲詞本子，也就等於他的財產，放在一隻木頭箱子裏面，向來不許別

人擅動。在武喜永倒倉，在學堂裏休養的時候，他趁著蕭先生沒在屋，偷偷地將箱子打開，把全部《三國志》的本子拿了出來，信筆抄錄，恰巧蕭先生從外面回來，看見他在那裡寫字，走過去一瞧，正是抄自己的本子，心中當然不大高興，說：「大鐵兒，你怎麼偷我的《三國志》呀？」武喜永說：「先生，我這是借您本子抄一抄，並不算偷您的玩藝兒。」蕭先生說：「你一聲不言語，就跑到我屋裏來，翻箱倒櫃，還敢說不是偷哪？」正說到這裡，葉老闆從外邊來了，便問：「什麼事，大鐵兒為什麼招先生生氣了？」也沒有容蕭先生答言，武喜永搶著說：「師傅，我嗓子倒了倉，一時恢復不過來，將來出了科，不能唱戲也得教戲，找一碗飯吃，我坐了七年科班，受了這些年苦，不能因為沒有嗓子就改行，所以從先生屋裏，拿了一部《三國志》的本子抄抄，為的是將來教戲的飯碗，也免得給喜連成丟人，給師傅丟臉，先生不許我抄，還說我偷他的玩藝兒了。」葉老闆一聽，也就笑了，回頭向蕭先生說：「老二，你就給他抄抄罷。」又囑咐武喜永：「一個人總得有心胸，有志氣，抄本子預備將來教戲用，並不算錯。但是要向先生說明白了，跟先生去借，不能夠自己動手去拿，以後你想抄什麼戲，只管當面跟先生說，先生不會不讓你抄的，決不許再不告而取了。」說完拉著蕭先生，進屋談去了。蕭先生心裏一想：這可好，從今以後，大鐵兒想抄什麼，都可以明目張膽來向我要了。繼而又一想：這孩子總算不失為一塊好材料，將來出了科，準能混到教戲或是管事的資格，也還不錯呢。為了愛才起見，此後武喜永向蕭先生借本子，可以說是予取予求，從沒有駁回過。直到他出了科以後，離開了喜連成，還能在梨園界中廝混，未始不是在科班的訓練薰陶，更加上自己能夠用心向上所致。而葉老闆對他的愛護，蕭先生對他的提拔，也都算是師愛徒敬了。

武喜永這個人，雖然是喜連成的大師哥，因為他在沒出科的時候，就不能上臺了。所以內外兩行，認識他、知道他的人都很少。除了喜連成頭二兩科的學生與教師之外，很難得再有人談得到他。其實像《卸甲》《十面》這類的崑腔開場戲，唯有他才得過葉老闆的真傳實授。現在一般愛好舊戲的人，知道喜連成的很多，但聽說武喜永這個名字的就很少了。

雷喜福原名張喜福

雷喜福入科班的時候，名叫張喜福，是跟他的母姓，乳名五十兒，他比武喜永小一歲，自幼父母雙亡，寄養在他的舅父家中，可巧他的舅父母這老兩口

沒有兒女，便把喜福過繼為後，因此也就隨著他舅父而姓張了。到了他十一歲那年，經人介紹，把他送進喜連成科班學戲，葉老闆見他深目廣頤，鼻隆口方，就也教他學老生戲，與武喜永一同受教，喜福資質稍差，記憶力也比較遲緩，所以在學戲的時候，真是沒少挨打，打得越重，記得越瓷實，故而喜福到了四十歲左右，也能夠獨當一面，在梨園界鬚生群中占一地位，這就是他幼工好、玩藝兒實在的緣故。

雷喜福進喜連成之時，以第五個學生入學。先隨羅燕臣學武生，後來葉春善看他身體瘦弱，便教他改隨葉福海和蕭長華二位老師學二路老生。全仗蕭長華代他排了一齣《八大錘》斷臂說書的王佐，以白口乾淨，做工傳神，飽受前臺歡迎。出科後雖搭外班掛二牌，但仍為母校執教，例如李盛藻、葉世長、哈元章等許多出做工老生戲，全是這位大師兄一手教出來的。

趙喜魁、趙喜珍是胞兄弟二人，乳名大狗、二狗。他們上一輩，世業廚行。兩人進了喜連成，經葉老闆一番審查，見喜魁身材魁偉，氣魄雄厚，就教他學習架子花臉。喜珍是面目姣好，體格嫋娜，便讓他學習武旦，兼演花旦，並且給他起了一個藝名，叫做雲中鳳。這兩個人是六大弟子之中的傑出人才，享名最早，技藝超群。可惜離開了科班以後，沒在北京久留，便都先後遠走上海，以教戲終其一生，與舞臺絕緣。使一般戲迷聞其名而未見其人，就是這兩兄弟了。

喜連成第一科六大弟子合影（牛子厚攝於 1903 年）

自左起依序為：趙喜魁、陸喜才、武喜永、趙喜貞、陸喜明、雷喜福。他們是喜連成開科時期由葉春善親自招入的第一批入室弟子。後來，他們都成為富連成的中流砥柱。

　　陸喜明乳名大石頭，陸喜才乳名嘎子，這兩個人，卻是梨園世家，他們是崑丑陸金桂的胞姪，蔡榮貴是他兩人的親舅父，進喜連成科班便是蔡先生介紹，喜明習青衣，喜才學武丑。

　　葉春善自從收了六大弟子以後，便交由宋起山、蘇雨卿兩位先生開始訓練起來。這六個人分成文武兩組，武喜永、張喜福、陸喜明三個人習文，每天由蘇先生給他們「念詞兒」、「上弦兒」、「排身段」。趙喜魁、趙喜珍、陸喜才三個人學武，由宋先生給他們「下腰」、「壓腿」、「耗頂」、「虎跳」。日子不久，六個人各有進益。類如《桑園會》（喜永秋胡，喜福秋母，喜明羅敷）；《二進宮》（喜永楊波，喜明李后，喜魁徐延昭）；《小放牛》（喜珍村女，喜才牧童）等等小戲，狠排了幾齣。當然，像老生的開蒙戲《天水關》《江東橋》《打金枝》《百壽圖》，旦角開蒙戲《彩樓》《落園》《祭江》附帶著也就都學會了。

第三章　喜連成失火的傳說

　　喜連成在西南園的時代，因為只有上房三間，可以住人，所以葉老闆每晚就在堂屋裏祖師爺供桌前面，臨時搭鋪睡覺。這年（光緒二十九年）夏末秋初的時候，正是連陰天，淫雨連綿，數日不止，這所房子是年久失修，堂屋的後牆裏面，自然難免滲進水去，雖是磚牆，也架不住日久天長，早都泡酥了。這天夜裏，葉老闆在睡夢中，看見祖師爺從外邊進來，渾身是水，把一件黃帔都淋濕了，衝著葉春善直點頭兒讚歎。他立刻驚醒，那時外面的雨還很大，忙著把香油燈點起來。因為那時候北京不但電燈不能普遍，便是煤油燈，也非一般平民階級所能家家都有的，通常還是麻油、豆油兩種燈較為常用。這時葉老闆起床點燈，一看見後簷牆已盡濕透，雖然祖師爺的龕駕上還沒漏著水，但是時間長了，也就難保。於是先把自己的板床挪開，將供桌搬到屋外走廊上，再進到屋裏，恭恭敬敬地磕了三個頭，然後把祖師爺的神龕駕雙手捧著，請到屋外走廊上面，安設好了，正要磕頭行禮的工夫，忽聽屋內震天似的一聲巨響，登時油燈熄滅，塵土飛揚，滿屋漆黑，兩邊內室睡覺的人，也從夢中驚醒，忙問何故，葉老闆跑到堂屋門口，向裏一瞧，原來是後牆倒了。

天佑善人大難不死

　　再說葉春善這個人，是位忠於藝術、崇拜祖師的守舊人物，他在睡夢中聽到院外從淅淅瀝瀝一直到傾盆而降的雨聲，他的腦海裏本來就時常留著一個祖師爺在側的印象，自然很容易做出祖師爺被雨淋了的這宗夢來。因夢而想到給祖師父移駕，就在移駕的時間，適逢後牆倒了，使這個忠誠的藝人不致罹難，本是一樁巧合的事情，不過葉春善平素事母至孝，天佑善人使他有這種預感，

得以趨避，這是一種天道的至理，不能算是迷信。至於後來北京梨園中人把這件事傳說得神而透玄，說什麼葉老闆得了祖師爺的點化，託兆移駕，才免去坍牆壓死這一場橫禍。一言以蔽之，他總算是逢凶化吉，又道是大難不死，必有後福，所以凡是一個人對於自己的父母能夠盡孝，究屬有益無損的事情。

舊戲班裏供奉的祖師爺「老郎神」木雕塑像。

喜連成創始人從右至左分別為葉春善、蕭長華和教師唐宗成。

當夜屋漏牆倒，轟然巨響，首先將葉老太太與葉老闆的夫人段氏驚醒，葉老闆怕老太太著急，趕快又走到窗前，說：「後牆坍了，幸虧我把祖師爺的駕請到外面，我蒙祖師爺的保佑，所以一點兒沒受傷，您請放心睡覺吧。」話雖如此，一屋裏的人經過這番震駭，誰也不能再睡了。先後起來，點燈查看，見堂屋的後簷牆，只坍塌了半片，磚泥滿地，所幸沒有砸壞什麼什物。葉老闆帶著六個徒弟，慢慢地把碎磚清理到外邊，將泥土掃淨，也差不多天亮了。闔家大小，給祖師爺上香行禮後，才派人給房東送信，叫他趕快叫工來修理。北方一貫的習慣，是房客按月付租金，至於雨漏屋塌以及年久失修，都是房東雇工來做，與房客是毫不相干的。

喜連成頭科學生在西南園這所房子裏入科的，還有老生閻喜林、青衣律喜雲、武生康喜壽、花臉侯喜瑞。此後因為這所房屋太小，才另租了西河沿後鐵廠門牌四號的東西雙院，兩進大房，做了總寓，又繼續招收了老生王喜秀、陳喜星、周喜增、梁喜方，武生周喜如、郭喜慶，青衣李喜泉、應喜芝，武旦高喜玉、金喜堂。武旦遲喜珠、王喜祿。文淨陳喜光、張喜海、孫喜恒。武淨劉喜益、李喜樓、鍾喜久、張喜槐、張喜和、李喜龍。文丑耿喜斌、王喜樂、陳喜德、王喜平、穆喜忠、彭喜泰。

王喜秀藝名金絲紅

　　這一科裏的當家老生，就是王喜秀，藝名金絲紅，乳名小五兒。論扮像，論身材，都稱得起漂亮。論嗓子，論玩藝兒，可以說是唱念做打無一不佳。可惜的是，在科時候太累了，倒倉後嗓子始終沒好起來。出科以後，十幾年來，一向在母校服務，三、四、五、六各科的學生，經他手裏教出來的好老生，確是不少。民國12年，譚富英脫離富連成，由雷喜福接演了一個相當長的時期，到了民國15年，雷喜福又搭入朱琴心與徐碧雲的兩個戲班，便由王喜秀接替了雷喜福在富社的戲碼，直到四科老生李盛藻繼起，他才退回教師的本位。其實他到了四十歲左右的時候，一樣也以做工念白的戲見長，可惜天不假年，在民國27年，他僅僅才四十五歲，就積勞病故了。梅蘭芳在喜連成搭班時代，就和金絲紅合演過《二進宮》《戰蒲關》等戲。

《借趙雲》王喜秀飾劉備、蕭連芳飾趙雲。

　　喜連成頭科老生行裏,除了武喜永、雷喜福、王喜秀三個人以外,閻喜林、陳喜星、周喜增、梁喜方四個人,都是屬於二路或衰派。這四人中,以喜林在科成績最好,也只有他效力最久。陳喜星是花臉陳喜光的哥哥,民國初年,弟兄二人離社赴滬搭班,民國 10 年左右,喜星獨自回到北京,歷搭各大班,一度改名為陳喜興,後來也傍過角兒,曾經跟梅蘭芳到過香港。周喜增是武生周喜如的哥哥,離社後默默無聞,後來就不知所終了。梁喜方在科,始終是零碎兒的老生,離開了北京,遠走上海,居然混得不錯,在教戲、管事行中,也有他的一席之地。民國 12 年回到北京,到了富連成總寓裏,看望他的師傅葉老闆及各位先生,頗有衣錦榮歸之意,還自告奮勇,給四科的師弟們留下了一齣《神亭嶺》,聲明義務,不受報酬,這也是科班裏的好榜樣。

喜連成階段小演員們演出的《穆柯寨》。

　　武生康喜壽,不但是喜連成班的頭一塊武生,便是與他同時的那些武生,類如王三黑、田雨農、小雙喜、余小琴之流,論扮相,論武功,誰也不如他。至於周喜如、郭喜慶兩個人,就是二路的角色了,經常是給康喜壽做搭配。喜如離開富連成,一直搭班,成了官中的武行,沒走過外碼頭。喜慶也是先到上海,後來他的兒子叫蓋玉亭,從李蘭亭學藝成名,便隨著兒子跑碼頭。

　　應喜芝、律喜雲兩人,都是正工青衣,所學不下於陸喜明,倒倉以後,全都改了行。喜雲拉胡琴,指音很好,一直在富連成場面做活。喜芝是天主教徒,

也學過場面，到了民國 16 年，脫離梨園界，在北京天橋雜技場裏，擺了個吃食攤子賣羊雜，一般吃主決想不到，他還是喜連成頭科的學生呢。

頭科青衣，還有一個李喜泉，他在科所學並非皮黃，乃是秦腔梆子，所以他藝名叫「小蓋陝西」，在清末民初，梆子腔雖然已漸式微，在歌臺舞榭中，還沒盡受淘汰。在男班裏還有個群益社，由崔靈芝、郭寶臣、薛固久、孫佩亭諸人撐持。至於新出的那些坤角兒，像孫一清、金玉蘭、劉喜奎、鮮靈芝等等，更都是以唱梆子為主。故而喜連成科班頭、二兩科的時期，仍然保留梆子這一門課程，不過戲碼總派在開場前出，這就是皮黃梆子兩下鍋的制度。直到民國五六年間，才把梆子完全淘汰，未出科的學生，自然是改習亂彈，已出科的學生，除去離社的以外，也都分別安置，改習別行。李喜泉在清末民初相當享過名，葉老闆不忍使他出外失業，就留他在後臺管事，此人勤儉公正，和藹可親，是喜字班輩中留社服務年代最久的一位。

元元旦（高喜玉）、金喜堂、小百歲（耿喜斌）之《貴妃醉酒》。

高喜玉人稱元元旦

頭科花旦，僅有高喜玉與金喜棠兩個人。但高喜玉還兼演刀馬旦與武旦戲。在民國元年、民國 2 年，高喜玉的風頭確乎不弱，他的藝名是元元旦。《醉酒》的楊妃，《宛城》的鄒氏，可與余莊（玉琴）桂鳳（姓田）媲美。一齣《馬思遠》的趙玉兒，能比美路三寶，無分軒輊。雲中鳳（喜珍）離社後，《娘子軍》的梁紅玉，《畫春園》的九花娘，都成了他的拿手。民國 4 年冬天，他在

文明茶園搭過譚鑫培的同慶社一個時期，戲碼列在壓軸，雖老夫子陳德霖的戲也在他前邊唱，稱得上是色藝雙絕。那時候的旦角，除去一個梅蘭芳，幾乎沒人可以同他並駕。只是好花不常開，離開了故都，遠走外江，從此便默默無聞了。金喜棠藝名海棠花，一切都比不上高喜玉，但是他肚子裏的戲的確不少，三四兩科的花旦戲，差不多都是他教的。到了三十歲左右，不僅在富社教戲，還兼任該科班對外交際之職。

喜字科的老旦，雖只遲喜珠、王喜祿兩個人，但張喜福、閻喜林，有時也兼演這行角色，不算是反串，王喜祿享名較早，只是他的嗓子倒倉亦早，沒有遲喜珠表演的氣脈兒長。所以在民元排演全本《目蓮救母》的時候，就是由遲喜珠表演搶劉青提。喜珠除專演老旦外，還有幾齣婆子戲，像《法門寺》的劉媒婆，《獨佔花魁》的王九媽，演得也都很好。

《馬踏青苗》侯喜瑞飾曹操。

文淨中，以張喜海入科最早，但離開北京也數他早，所以有些富連成三科的學生，都不認識這位師哥。陳喜光在科，銅錘架子兩門抱，《連環套盜馬》的竇爾墩，能擺在壓軸子唱，這是民國元年秋天的事。離社後，到了上海，一

蹲就是十年，在民國 13 年春天，隨著麒麟童、王靈珠回到北京，出演於第一舞臺，已不是當年那樣叱吒風雲的氣魄了。孫喜恒，是頭科花臉裏最走運的一個人，凡是正工的角色，都歸他包辦，除去武的由趙喜魁扮，像《三國志》的曹操，《斷后》《龍袍》《烏盆》《五花洞》這些戲的包公，可以說是非他莫屬。

侯喜瑞在科的時候，算是專工二花臉。所以全本《雙鈴記》他扮馬思遠，《伺珠配》裏，他扮員外。頭科排《五花洞》，到了起打，照例應上兩個武旦，扮紅蟒的是雲中鳳，另外一個，便是喜瑞的本主。

劉喜儀是專唱捧打花臉的，到了宣統元年，他這個名字犯了皇上溥儀的諱，就改為「劉喜怡」。後來官方又通知葉老闆，說：「他的名字音同字不同，還是不成。」這才又改為「劉喜益」。不過幾位管事的先生，平素寫「喜儀」這兩個字成了習慣，所以他改名喜益以後，有時在戲單上依舊信筆寫成「喜儀」。他在富連成充任武管事，兼管教授二、三、四、五科學生的武戲，在科服務了三十多年，直到民國 29 年，才應李萬春之聘，入鳴春社科班，給李鳴俊、王鳴仲這些人開蒙。富社與鳴春社的學生都知道他叫劉喜益，亦稱劉喜義，但對於他原名喜儀，後來一度改為喜怡與「益」「義」兩個字的由來，卻很少有人知道了。頭科武花臉還有鍾喜久（武生鐘鳴岐之父）、李喜樓、張喜槐等人，也都是傑出人才。

小百歲惜乎不永壽

至於丑行中，要算耿喜斌最好，耿家是梨園世家，又是個大家庭，弟兄子侄眾多。民初場面上有個著名打鼓的名叫耿五，武戲打得最出名，那就是喜斌的叔父。喜斌的藝名小百歲，因為他口齒伶俐，舉動詼諧，很受臺底下歡迎，當年《紅門寺》裏他扮張康侯，《馬思遠》裏他扮毛師爺，都能把前清的腐敗官吏形容盡致。這自然要歸功於蕭長華先生教導得好，但也是耿喜斌做得到。所以有好材料，遇不到好教師，如同美玉蘊藏石中，無人琢磨，難成美器；但是好教師遇見那種其笨如牛的徒弟，也是無法使他成為好角。喜連成頭科，文武丑行也有十來個人，成了名的只有一個小百歲，並非蕭先生教不出第二個來，這就是「才難」，才有這宗現象。現在流傳的《法門寺》念狀子，這張狀子就是一位前清的刑名師爺做了送給小百歲，蕭長華一看這狀子做得太好，既合情理，念起來又響堂，因此凡是富連成的學生，都依照著小百歲這張狀子來念，飲水思源，可不能忘記此人，可惜他出科未久就夭折了！

姚增祿不做師爺爺

凡是一個科班的學生，任憑你聰明慧黠，如果遇不到良好的教師，也是無法使他發展天才，造就出一個良好的角兒來的。所以葉春善把喜連成科班由琉璃廠西南園遷到西河沿後鐵廠以後，感到已經收容了五六十個學生，而僅僅有四五位教師，這顯然是不敷分配。而且分門授業以及監督管理，也非少數的幾個人足以勝任的。在他籌思選擇之下，遂又請進十幾位老先生來，擔任各部門的教師。這十幾位便是：姚增祿、茹萊卿、羅燕臣、趙春瑞、丁連升、徐天元、楊萬青、韓二刁、譚春仲、徐春明、劉春喜，還有兩位，是專教梆子的勾順亮，與「一條魚」李先生（只記此人外號，忘其本名）。另外又把他的長兄葉福海也約進來，連同開辦時的宋、蘇、唐、蔡、蕭五位，差不多將近二十位先生了。這些人，都是在光緒晚年梨園界知名人士。內中有幾位，對於這個科班出力最多，值得特別談上一談。

姚增祿，本工是武老生，前清道光二十年生，比武生俞潤仙小兩歲。搭四喜班多年，崑亂不擋，除去演武生戲，還能兼唱武生。光緒十二三年，正是他的全盛時代，曾經在內廷當過差，也算是一位老供奉了。小榮椿科班成立的時候，楊隆壽邀請他去教戲，姚、楊二家，本是多年的世交，當時又都是在四喜班同臺演唱，當然是義不容辭了。姚先生在小榮椿一直教了兩科，像程繼先的《探莊》《雅觀樓》，這一類的崑小生戲，全是從姚先生學的。葉春善現在雖然是喜連成的老闆，究竟也得算是姚先生的學生，他知道姚的肚子裏寬綽，不但知道的多，而且有幾齣絕活，都是那時一般教戲的先生們所說不上來做不到的。為了使喜連成的學生根基堅實，資質健全，他親蒞師門，敦請這位姚老先生二次出山，來教這群再傳的子弟。

在光緒三十年的時候，姚增祿先生已屆六旬有五的高齡，非但不常上臺，就是教戲也要挑挑揀揀。這一次也是禁不住葉春善再三的要求，方才答應下來。頭一天到了後鐵廠喜連成的總寓裏，葉老闆率領著各位教師，到門前迎接，全體學生也都衣裝整齊，列隊肅立在大門以內。大家把姚先生接了進來，略微休息，便由葉老闆先在祖師爺前上香叩頭，接著姚先生也行禮如儀。禮畢，葉老闆便請姚先生上首落座，吩咐武喜永帶著全體師弟們，給姚先生磕頭，這時葉老闆特別提醒說：「姚先生是我的先生，你們都應該叫師爺爺，不許稱呼先生。」姚先生忙攔著說：「春善，這個辦法不可，在咱們戲班裏的習慣，沒有叫師爺爺的這個規矩，因為師爺爺就是指的祖師爺，所以多大的輩分，也是只

稱先生，這並不是客氣，你叫他們以後只稱呼我一聲先生就成了。」葉老闆當
時遵命，所以喜連成頭、二兩科學生，雖然都是姚先生的第二代弟子，卻仍然
隨著葉老闆，稱呼他老人家一句先生，就是這個緣故。

姚增祿的便裝像和戲裝像。

　　姚先生在喜連成教戲說起來可真不算短，大約至少也在十年以上。他是民
國 6 年 2 月 10 日（即舊曆丁巳年正月十九日）酉時，病故在北京自宅中，病
故那年已是七十八歲了。

　　姚先生之教戲，非只不專教一工，而且是文武崑亂，無一不教，尤其最喜
歡教武戲，願意給小孩兒們開蒙。富連成有一齣獨有的小武戲，戲名是《武當
山》，這就是姚先生傳留下來的。這齣戲情節非常簡單，卻是短打武生開蒙必
習的一門主要功課。劇情大致是：元末朱元璋不得志的時候，與盟兄弟李文忠、
郭英、常遇春、胡大海諸人聞有惡霸陳也先在武當山擺設擂臺，乃同往打擂，
將陳也先打倒，弟兄五人夜宿玄壇廟，陳也先率眾蹤至，縱火焚廟，幸玄壇大
帝顯聖，遣龜蛇二將，助元璋等逃出，而將陳也先及其徒眾困於火中，使自焚
死。這齣戲裏的正角是朱元璋，由武生扮，唱、念、做都不算多，主要的還是
重在起打。有一場「拉擂」，那是最看工夫的地方，肩膀要擺平了，胸脯子要
挺起來，手眼身法步，處處都有準地方，投手舉足，哪一招一式不到家，都不

能夠好看。姚先生當年常說,把這個戲學好了,以後遇見《八大拿》的走邊什麼的,一抬手,一動腳,就都容易找到準地方,而又好看了。

姚先生給喜字、連字這兩科學生留下來的戲實在不少,至於第二位武藝教師就輪到茹萊卿了。茹萊卿是前清同治三年三月二十六日生,乳名福兒,原籍是安徽人,他的父親是做茶葉行生意的,萊卿自幼進北京,投在詠秀堂主人名武旦朱小元門下學武生。朱小元號叫吉仙,是前清同光兩朝四喜班中的著名武旦。他的師傅是吟秀堂的蔣鴻禧,與朱小元同時學藝,後來享名的,有小生徐小香,所以小元的長子朱素雲,便是從徐小香學的小生。

<table>
<tr><td>茹萊卿小照</td><td>茹萊卿戲裝照</td></tr>
</table>

茹萊卿(1864 年~1923 年),北京人,祖籍江蘇無錫,京劇演員,工生行,後師從梅雨田學京劇胡琴藝術。茹萊卿的武工很好,梅蘭芳的武工就是跟他學的,楊小樓、程繼仙、姜妙香、馬連良都跟他學過武戲。

小元在四喜班的時候,以演《泗州城》的水母、《青龍棍》的楊排風最稱拿手,他的徒弟除了茹萊卿以外,還有朱文英,也是他一個得意的高足。這就是光緒年間的名武旦朱四十,也就是朱湘泉、朱桂芳的父親。當年朱小元傳給朱文英這齣《青龍棍》的時候,便是由茹萊卿給他配小青龍。所以茹先生進了喜連成,教頭科趙喜珍、喜魁昆仲這個戲,是派周喜如學小青龍,二

科張連芬、鍾連鳴學這戲，是王連平的小青龍。茹先生教著他們，還向他們說：「不要小看了小青龍這個角色，在這一齣裏，雖然僅僅的只有兩三場，可是學武生的一個根底。在頭一場的走邊裏，隨著笛子，又是唱，又是身段，僅憑手裏的一隻蠅拂，要讓臺底下看出個又快捷又靈活的姿勢來，那才能算好哪。但是能把這一套『邊掛子』學瓷實了，以後再動《乾元山》《淮安府》等類的戲，就毫不費力一學就會了。」可見當初老先生們教戲，雖是一個配角，也不肯疏忽，而且要直呼直令的，教他們往好裏唱。那時候的喜連成，所以能夠齣齣戲都好，每一個角兒都可聽，這就是緣於教師們的教導認真，才能有這宗成績。

茹萊卿壯年搭春臺班，一向給俞菊笙配戲，雖然所扮的全是二路活，但老俞老闆卻倚之如左右手。譬如《豔陽樓》的花逢春，《賈家樓》的魯明月，《水簾洞》的小龍等，都是非他不可。所以俞派的戲，他有同臺的經驗和實際的練習，用來傳授科班子弟，自然比較後來丁永利教楊派戲顯得更加實授了。

茹先生晚年不再登臺，除去在喜連成教戲之外，民國初年　度給梅蘭芳操琴，一不講究花腔，二不講究俏皮，無論是拉一個腔兒，墊一個字兒，完全要顧著臺上的角兒，以託襯嚴絲合縫為準則。民國 10 年以前，梅蘭芳是紅遍大江南北，自然有他的藝術造詣，可是茹先生給他操琴，也幫他的忙不小。茹先生是民國 12 年整六十歲的時候，病故在北京。他的兒子茹錫九，也是唱二路武生的，幫著楊小樓多年。長孫茹富蘭，次孫茹富蕙，都在富連成學藝，富蘭是小生，後改武生，富蕙是小花臉。

楊萬青，名叫楊恭，是楊小樓的開蒙師。丁連升，名叫丁俊，是丁永利的父親。這兩位老先生都是在光緒晚年以教戲為業的。俗語說：「只有狀元徒弟，沒有狀元師傅。」這二位教出來的梨園名武生確是不少，喜歡看戲的人，卻不一定都知道這兩個人。楊先生到了喜連成的時候，已經是風燭殘年，又無家無業，住在科班的總寓裏，因其早晚教戲方便，很給頭二兩科的學生們說了幾齣臺上不常經見的戲，類似《火燒大悲樓》《白蓮寺拿大蓮花》《裏海塢拿郎如豹》等等都是。楊先生教戲，向來不用本子，只憑口授心傳，後來楊先生病故在後鐵廠喜連成的總寓裏，他教的那些戲，除去劉喜益還有一點譜兒，其餘的大部分可惜都失傳了。

富連成學員出科後留社任教的李連貞
便裝照。

富連成培養的優秀武生趙連升
戲裝照。

富連成初創時的舊址外貌——北京前門鐵廠胡同
「喜連成科班」，也是葉春善的私宅。

第四章 「八大拿」與東西兩廣

丁連升在喜連成所教的戲，大部分屬於「八大拿」一類的，他老先生教戲的好處，是清楚細膩，遇有小節骨眼，全要指點明白，身段、架子全擺出來，跟斗、地方都走出來，樣樣認真，一絲不苟，絕沒有粗枝大葉、馬馬虎虎的毛病，所以這樣的老師教出來的徒弟，才能吃得牢，記得準，扔個三年五載不動的戲，拿起來照樣還能找回來，現在很少有這樣的老師，自然也就難得那樣的徒弟了。

「八大拿」的準確來歷

丁老師教第二科學生習「八大拿」的時候，曾經先把這「八大拿」都是些什麼戲，對學生們一一講解明白了。他說：「八大拿」是施公案裏的八齣短打武戲，前後接連，互相貫串，串成了一回事情。因為施世綸做了漕運總督，奉旨出京，到兩淮去上任。先是經過霸王莊，那裡的惡霸黃龍基因大蟒山寇于七，被施公派人一探浮山，二洗浮山，將他兄長于六拿獲正法，于七逃到霸王莊，請黃龍基給他報仇，這才派遣朱光祖夜入施公行轅行刺，經黃天霸、關泰擒獲，朱光祖投效施公，回莊去作內應。次日施公徑訪霸王莊，黃龍基倚仗皇糧莊頭威勢，扯碎公文，抗官拒捕，結果仍被拿獲，這頭一拿就是「霸王莊拿黃龍基」。

黃有惡奴喬四，見主人被擒，漏網逃到獨虎營，投奔惡霸羅四虎，施公喬裝私訪，被喬四窺破，報知羅四虎，乃將施公囚禁，經天霸率官兵救出，這第二拿就是「獨虎營拿羅四虎」。施公南下，經過河間府，有惡霸一撮毛侯七，結交官紳，強搶民女，並與劣紳祖霸及河間府知府杜差結為金蘭，朋比為惡，施公蒞境後，即有紳民宋成等攔輿告狀，施公因遣捕快手江成、楊志，二人喬

裝小販,先往查拿,不意楊志以言語失檢,被祖霸惡僕看破,乃將楊志劫擄入莊,江成逃回報命,施公再派天霸率官兵往剿,始將祖霸侯七等一網打盡,這就是第三拿「河間府拿侯七」。

　　施公到了山東東昌府,夜宿館驛,夢見剝皮女鬼韓翠娥託兆,泣訴被郎如豹逼奸害命事,施公乃率郭起鳳私訪,路經柳林,遇翠娥之父韓佩欲進京叩閽告狀,施公詢明經過,問清道路,即往裏海塢訪拿郎如豹,途中天晚,投宿玄壇廟,遇僧人郝文,即當年惡虎村中漏網賊寇,彼與濮天雕為表兄弟,素識施公,因說破昔日惡虎村三義絕交事,將施公捆綁,郭起鳳不敵,逃回館驛,郝文將施公押解至家,其父郝世洪為黃三太老友,力主不可傷犯施公,奈郝文之母濮氏堅欲為內侄濮天雕報仇,而郝文有妹郝素玉,更從旁慫恿,世洪迫於妻女之意,只好曲從。時郭起鳳已引領天霸等到玄壇廟,見重門深鎖,空無一人,朱光祖詢及郭起鳳,僧人看破曾作何語,郭頓憶起彼曾謂欲為表兄濮天雕復仇等語,天霸知是郝世洪父子所為,乃夜探郝家莊,面詢郝世洪,一言不合,相互動武,天霸為郝素玉所擒,逼論婚嫁,天霸虛與委蛇,得釋回朝,乃調來官兵,救出施公,擒獲郝家父子,此為第四拿即「東昌府拿郝文僧」。

武戲「八大拿」之一《連環套》葉盛章飾朱光祖、馬連良飾黃天霸、郝壽臣飾大頭目。

第五拿是「殷家堡拿殷洪」，第六拿是「落馬湖拿李佩」，這時候施公已經
到兩淮地界，第七拿是「淮安府拿蔡天化」，又名「雙盜印」，那是賀保之兒子
賀仁傑投效施公，首建奇功，露臉的事，第八拿就是「八蠟廟拿費德恭」了。
這是施公從直隸經過山東，到了兩淮，一路上拿了八個惡霸強盜，所以總名稱
為「八大拿」。

至於《東昌府》後面，有一齣《裏海塢拿郎如豹》，《落馬湖》後面，還有
一齣《俠義英雄圖拿萬君兆》，那都是後人編的，照規矩說不能列在「八大拿」
之內，有些個人不懂什麼叫「八大拿」，把惡虎村拿濮武、鄭州廟拿謝虎、連
環套拿竇爾墩、薛家窩拿薛金龍，都算是「八大拿」，根本就不是這裡頭的事；
還有人把普球山拿周應龍、溪皇莊拿花得雷、宣化府拿九花娘、劍峰山拿焦振
遠以及武家園拿武文華等等也當作了「八大拿」的戲，其實這些全是彭公案的
戲，萬萬拉不到　塊兒。更可笑的是，有些位外行認為趙家樓拿華雲龍，東皇
莊拿康小八，蓮花寺拿蜈蚣，也都屬於「八大拿」，那就更挨不著邊兒了。

以上是丁連升老師對於「八大拿」的說明與解釋，凡是喜連成頭二兩科的
學生，經過他的耳提面命，還都能說得上來。後來有些武行，若問起他們什麼
是「八大拿」來，卻不見得都能說得頭頭是道了。

丁連升雖然把「八大拿」的出處和穿插說得這麼詳盡，但是康喜壽、趙喜奎
他們這一班的「八大拿」戲，卻不是丁先生教的。因為丁先生進喜連成教武戲，
比較別位武戲教師進喜連成的年代比較晚，最初教喜字班武戲的是羅燕臣與韓
二刁兩位。類如八大拿這些戲，都是由羅先生主排，韓先生助教的，到了二科連
字班學這些戲的時候，羅先生已去世，所以才由丁先生接手，丁老師向二科學生
們講述這八齣戲的來龍去脈。我又從王連平那裡知道了「八大拿」的準確來歷。

羅燕臣，乳名友兒，一般人都叫他羅友兒，也是梨園世家，人極聰穎，年
紀不大，會的戲真多。在武戲裏，編個套子，打個檔子，真是又新鮮，又花俏，
可惜在民國初年，就因肺癆病逝世，這是喜連成的一個重大損失。

韓二刁，是漢軍旗人，本名韓樂亭，原是票友出身，專唱武二花。葉老闆
知道他家裏本子最多，並且能編戲，所以邀他進喜連成，幫羅燕臣，像《太湖
山》這類戲，都是韓先生自編自教，而由羅先生給說的起打。至於《俠義英雄
圖》，是韓二刁、蕭長華兩位合教的。這兩齣戲，都是富連成的獨有戲，除去
當年黃月山在寶勝和班曾經唱過這戲之外，其他戲班就沒動過這兩個戲。因為
富連成社的獨有戲並不限於這一兩齣，好戲多的是呢。

　　富連成武戲的教師，除了前面所談的姚、茹、楊、丁、羅、韓六位以外，還有教黃（月山）派武生戲的趙春瑞，與教武旦的徐天元等人。至於教老生戲的，雖然原有了蔡榮貴與蕭長華兩位先生，又約請了劉春喜和葉老闆的兩個師弟，一位是譚春仲，一位是徐春明。這兩位也都是小榮椿科班出身，何況徐春明又與葉老闆有金蘭之誼，這種不掙月規的義務職責，自然也都是義不容辭的了。

　　從光緒二十九年到三十年這一年期間，葉春善老闆所辦的這個喜連成科班，總算是規模已成，雛形粗具，收容了徒弟有四十多人，聘請了教師有十幾位，由西南園遷移到了後鐵廠，每天練功排戲，非常熱鬧。在這一個階段中，葉老闆對於東家牛子厚交給他那二百兩銀子兌條的開辦費，不但是分文未取，就連牛三爺給源升慶匯劃莊經理的那一封信，也沒去投遞，這兩樣東西，一直鎖在他的箱子裏，始終沒動。一般教師，都是白盡義務，朋友幫忙，學生們的伙食以及房租雜費，都是葉老闆自己拿積蓄來墊辦。

喜連成的學員在武功老師的指導下練武功。

喜連成的旦角學員在武功老師的指導下練習蹺功。

在西南園的時候，徒弟不多，是由葉老太太婆媳做飯，後來到了後鐵廠，有四五十人吃飯了，這自然不是家庭主婦所能勝任的，幸而葉老闆的岳父是廚行手藝，就把他約請來，做一名不支工錢的廚子。所以頭二科學生，管這位廚師傅當著面稱呼為「老爺」，背地裏管他叫「老段」。在這一年之內，除去吃喝用度需要現錢，其他的開支都很節省。教師們大多數都是一面搭班，一面分出時間來教授學生，這種自備資金來幫助朋友創事業的精神，可稱是難能可貴。更難得的是葉春善總認為是在學生們沒有上臺唱戲，沒有能掙錢以前，寧可自己墊辦資本，也決不妄動東家的一分一釐，偏偏的就有這些位教師更能贊助他這個志向，協力同心，輔佐他完成這個初步的基礎。這種道義的行為，出之於一群唱戲的，實在是不可多得的。

初演行戲物美價廉

在前清光緒二十年左右，北京城內，正因辛丑和約簽訂，人心已然安定，市面漸趨繁榮，呈現了民豐物阜的景象，除去各工公府第以及富紳鉅賈，時常在宅內，遇有喜慶壽事演唱堂會戲以外，每年春正二月，又例有各科翰苑同年團拜，也要演若干場堂會戲；便是民間的三百六十行業，由燈節以後，陸續也有唱「行戲」祭神的慣例。這種「行戲」差不多都是從正月十五唱起，一直要唱到四月二十八藥王誕辰為止。也許隔三五日唱一次，也許一天之中，就有兩三檔兒趕到一起，這種風氣一直延到民國10年以後，還未見衰。

說到各行「行戲」，也有豐儉不同，繁簡各別，譬如像綢緞行、藥行、當鋪同業這一類買賣，因其資本富足，自然辦一場「行戲」，不亞於達官貴人的堂會戲。至於手藝的行業，便多因陋就簡，但也要約集同行，於聚餐看戲外，還要互相商討本行行規、研究興利除弊的事務，作為一年一度大家見面的機會。年例，綢緞行總在三里河大街織雲公所舉行。藥行則在新開路同仁堂樂家花園，後來又改在興隆街藥行會館。當鋪業是在西珠市口當業公會。金店首飾行與南紙文具行則是在西河沿正乙祠。其他行業，因為本身沒有公所會館，便假座寺廟等處。當年前門東、東大市的精忠廟、藥王廟、浙慈會館以及前門西西柳樹井的越中先賢祠、虎坊橋的湖廣會館等處，這都是常演「行戲」的所在。

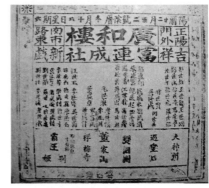

為喜連成學員演出的上座問題社裏在報刊上大作廣告進行宣傳。

「行戲」與堂會戲不同之處，便是開戲的時間很早，普通是午前十點鐘就開鑼，但是散戲也早，大約在下午五六點鐘，就吹挑子散戲了。因為故都從事商業的吃中飯的時間比一般人都早，演「行戲」總要預備一頓午飯，九點鐘就開席，吃完飯由幾個首腦人商議一陣會務，然後開戲。戲碼的調派，也比堂會戲輕減，大致不過十齣左右，因為戲價比較堂會戲便宜，所以好角並不多唱。若要又省錢，又得聽，自然全都趨重於小科班，找大班唱「行戲」的事，除去幾個經費充裕的行業，輪到磚、瓦、木匠、澡堂、剃頭、銅鐵、錫業這些手藝行兒，很少對大班問津的。喜連成初創，就是先走這條「行戲」的路線，所以能夠挑簾就紅，也是因為他們物美價廉的緣故。

葉老闆見各位教師把學生們的戲都教得有了一點眉目了，便與盟兄蘇雨卿和蔡榮貴、蕭長華幾個人，商議出臺公演的事。內中以蔡榮貴在街面上交遊最廣，認識的人最多。那時候各大戲園子都有每月常轉的固定戲班，以一個不見經傳、初出茅廬的小科班，想要插足在前門東、西幾家名戲園演唱，這是很難的一件事情。所以蔡先生便建議先從應「行戲」這個途徑入手。

喜連成初次出臺，是光緒三十一年春天，在前門外東珠市口南，東大市南藥王廟裏，應瓦木匠行的「行戲」。因為班中經費尚不充裕，自己沒有戲箱，所用的行頭、把子，都暫從東草市一家戲衣莊內租賃而來。科班的學生全是小孩，他們的身量不高，可是戲衣莊的行頭，卻是按照成人身材預備的，穿上當然不能合適，而且有時短這樣，缺那樣，扮出來的角色，更談不到規矩與準則了。譬如孔明沒有八卦衣，只好穿青褶子，繫一條水裙。趙雲沒有白靠，就穿白開氅。至於把紅蟒的腰身縫起，以致「海水江涯」，齊了玉帶。唱花臉的黑滿髯口，能鬚長過胸，這種湊合事的局面，自然使人看了發笑；但是在唱「行戲」的場合中，這都不算毛病，也沒有人挑剔。何況科班的戲，就是瞧一個規

矩整齊，上了臺人人要強，個個實力，這已經博得了大家的歡迎，更兼幾齣武戲，打得花團錦簇，如火如荼，更適合了臺下這一般手藝人的胃口。雖然穿的戲衣，戴的盔頭，有些兒不大講究，誰還計較這些。人的一張嘴，就是口頭廣告，由此一傳十，十傳百，喜連成應的這種祭神「行戲」，從此便漸漸的多了起來。雖然物美價廉，究竟刨出去開銷，多少總有富餘，喜連成科班的經濟自此也就樹立起來了。

為了吸引觀眾，喜連成排了很多鬼怪戲，此圖為「二本混元盒五雷神」的合影。

葉老闆把這筆演戲的餘資，慢慢地積蓄起來，添置了些行頭和各種應用的刀槍靶子。過了端陽，便仍由蔡榮貴先生向外面拉攏聯絡，在各宅門裏應些小規模的堂會，或是外串一兩齣小武戲。北京城裏的人講究的就是吃喝玩樂，因此各階層中，全有這麼一個喜連成小科班的印象；只是沒有固定常轉的戲園子，所以對外公演的機會還是很少。

洞陽宮聘請喜連成

到了光緒三十二年夏天，喜連成科班一直仗著唱「行戲」與應接小堂會戲，維持得自給自足，聲譽日增。這時保定府城裏北關的地方，有個洞陽宮是座廟宇，廟裏有座祭神唱戲用的戲臺，當地人都管它叫萬年臺，廟裏的老道為了找一點額外收入，便把戲臺連同前後空地，租給了幹戲班的人，做戲園子營業。

因為保定府與高陽等縣都是鄰境，那一帶唱昆弋兩腔的戲班子很多，民初在北京馳譽多年的榮慶社高腔班，像陳榮會、陶顯亭、郝振基、韓世昌諸人，全是高陽土著。洞陽宮裏，最初便是這種戲班演唱，日久天長，這路下里巴人的崑弋高腔使當地人都聽膩了，營業漸漸不佳，主事的人便動了腦筋，想進北京約一班京班大戲來挽回頹勢，於是喜連成科班才有了跑外碼頭的機會。

洞陽宮約角的人到了北京，住進旅店，先到各戲園子聽了幾天戲，附帶著打聽了一番能夠出外演唱的戲班都有誰家。那時候，與喜連成同時的小科班，還有兩家，第一是秦腔花旦田際雲（藝名響九霄）主辦的小玉成科班，內中學生有老生李玉奎，就是後來的名老旦李多奎，還有花臉張玉峰、武旦陶玉芝等人。另一個，便是小生陸華雲主辦的長春科班，像程硯秋的業師花旦榮蝶仙，梅蘭芳的管事老生李春林，荀慧生的硬裏子老生張春彥，這些人都是在長春科班坐科出身。洞陽宮的約角人探詢了幾處戲班，或是索價太高，或是條件不合，便只好在這三個科班中打主意。長春、玉成兩班也沒談妥，後來經人介紹，認識了喜連成的教師蔡榮貴，正恰巧這時候喜連成的學生能戲漸多，行頭也置備了不少，但是沒有一個固定的戲園子常期出演，正在「萬事俱備，只欠東風」的時候，遇到了外埠來人，約角出外，當然是一拍即合，商酌好了包銀與一切的待遇，便由葉老闆與蘇雨卿、蔡榮貴、羅燕臣、宋起山諸人，率領著喜連成頭科能夠上臺的三十幾個學生，帶著「軟包」的戲裝，坐京漢路的火車，往保定去了。

喜連成科班到了保定府，在洞陽宮唱了三天打炮戲，不但是梆簧俱全，而且是文武崑亂，無一不備，讓當地的顧客耳目一新，賣了個場場滿座。尤其是趙喜魁，跟著他師大爺葉福海學的那幾齣崑淨戲，類如《火判》《嫁妹》《蘆花蕩》《山門》等戲讓保定府那些位看慣了高腔班演這些戲的人，感覺著另是一個勁兒。因葉福海這些玩藝兒是大老闆（程長庚）三慶班的傳授，嘴裏身上，甚至於一舉一動的地方，都與高腔班那種鄉下把式不同，雅俗立判。保定府在前清是直隸省的省會，不但文化可以媲美京津，就是聽戲的水準，也比其他縣份高得多。當地的顧曲周郎，可以說是藏龍臥虎，不乏高人，所以這樣規規矩矩地僅僅唱了三天，便得到人人讚美、交口稱讚的成績。喜連成與洞陽宮最初定約只是十天，彼此都存著一種試辦的心理，現在既然得到挑簾紅的收穫，前臺自然不肯放，後臺也就樂得接著往下唱，於是一再地續約，便整整唱了一個月才束裝北歸。

清代末年北京前門外大柵欄、煤市街、鮮魚口一帶戲館林立。

喜連成就在這年（光緒二十二）冬天，從保定回北京，進了前門外大柵欄裏的門框胡同的同樂軒，演唱口戲。同樂軒這個戲園，在門框胡同迤南路西，地方不大，只能容六七百人也就滿了。何況門框胡同，是一條不通車馬的窄小胡同，北口外的廊房二條，就是不能走車的一條死胡同，南門正對著同仁堂樂家老鋪，所幸的這個戲園子是距離南口近，一般聽戲的人可以在大柵欄下車，走不了幾步便到了。喜連成這二年來，聲譽很好，戲價每位才賣一弔多，比起同慶、福壽、崇廣、義順和那些班子，顯著便宜得多。戲又好，人頭兒又齊全，每天當然是起滿坐滿，因為園子太小，所以到了開戲以後，總要退出去許多客人。葉老闆與各位教師這一番刻苦自勵、慘淡經營的結果，到了這時，才算是「種瓜得瓜，種豆得豆」了。

廣和樓的裏裏外外

凡是久居北京而又喜歡看戲的人，差不多都曉得這個「東西兩廣」的名詞。其實這句話，是從民國 10 年前後才發明的。喜連成科班與「兩廣」的關係最深，淵源最久，所以要追述喜連成在北京長期露演以前，總得把這「兩廣」的內容輪廓和建築沿革先行說明，那麼以後的故事，才容易使讀者看著明白，便於想像。

所謂「東西兩廣」，就是北京前門東、肉市口內的廣和樓，與前門西、大

柵欄西口內的廣德樓，兩家戲園子合併的一個簡稱。

　　廣和樓建築最早，聽說在清初的時候，叫做查家樓，一般人簡稱之為查樓。據人說北京各戲館子，市招都寫「某某茶樓」或寫「茶園」，便是「查樓」二字的諧音，這個說法可能是訛傳，不過查樓是明朝的建築，經人考據，確是不假。

　　廣和樓坐落在肉市中間路東，斜對著便是前門大街。門前有一個衝天牌坊，上面掛著一塊黑地金字「廣和樓」的橫匾。進了大門，是一丈多長的一條門道，上面有兩間暗樓，可是沒有樓梯，據說上面設有皇帝的寶座，因為當年乾隆皇帝曾經微服出宮，私訪四霸天，到都一處飯莊吃飯，在廣和樓聽過戲，所以這兩處都設有寶座，這件事好像是出在《永慶升平》的小說上，是不是齊東野語就無法證明了。

　　出了這條門道，又是一條很長的箭道，走到盡頭，還有一座鏤空挖花的鐵質牌坊，上面是聚寶盆的圖案，在盆腹上有三個圓孔，前面寫的是「廣和樓」三個字，後面寫的是「聚寶盆」。過了這個牌坊，是一個一丈見方的小院子，正面粉皮牆上嵌著一塊磚匾，也是刻著「廣和樓」三字，這是陳列當天演戲的切末所在，地方雖然不大，想當年，八本《三俠五義》《水簾洞》《艷陽樓》《金山寺》，以及十二花神燈與骨牌燈，這些個大切末，全都擺列得整整齊齊，毫不妨礙行人走道，這也可以說是一種技術。

　　在這小院的南面花牆上，有四扇屏門，門上有「整齊嚴肅」四個斗方兒。進了屏門，對面有一間小雜貨鋪，專賣花生、瓜子、糖果、茶葉一類的零食，字號是廣順號，這個買賣是租用廣和樓的房子，由商人包辦，另雇幾個夥計，托著盤兒，進戲場裏去兜售，聽說生意倒很發達。

　　由廣順號向北一拐，是個很大的院子，南北兩面，各有出廊子的樓房三間，南面的歸前臺執事的人算辦事用，是在靠東邊的一個單間房子裏。外間是兩通連的明間，靠西牆有一鋪順山牆的大磚面，這是賣座的集合休息的地方，也是夜間值更住宿的所在，一般通稱這三間屋子是「南櫃房」。北面的三間，也是兩明一暗，照例歸後臺使用，一進房門，正面供著祖師爺的龕駕，靠西邊是經勵科的「頭兒」們辦賬開發戲份的地方。東暗間是後臺老闆與管事的商議事情或作為休息之用，通常都叫這裡是「北櫃房」。這兩個櫃房，雖然全都有樓，除去南樓還設有前臺東家的起坐地點，北邊的樓上便是堆些零碎東西的所在，很少有人上去。

這院子裏每到夏天，支搭起過樓的天棚，也有魚缸、石榴樹，不但涼快，而且很夠個勢派兒。西面的花牆子上，南北各有屏門一座，靠南邊的屏門，正衝著戲場的入口，這裡還有一條窄長的橫院，院中有四份售吃食的攤子，分列南北，也就無形中分成了回漢兩撥兒。靠南邊的兩份，是回族人做得多。外手是個賣豆腐腦兒的挑子，經營的人姓白，可以說全北京城內，只有他這一家羊肉打鹵的豆腐腦兒。白家是個大族，弟兄子侄很多，他們除了在廣和樓裏有這一份長擺的挑子，以外像門框胡同裏面，天橋的雜技場裏，以及每月逢三的土地廟集市上和新年正月琉璃廠甸、海王村門首、西便門外的白雲觀等處廟會，也都有他們這一份兒，全由白家的人主持。所以我說，回族的豆腐腦兒，只此一家，並無第二。

南邊靠裏手，是個賣水爆羊肚的攤子，掌櫃的姓馬，也是回族人。他所賣的貨色，都是經過挑選，完全用精緻肚子，而且水爆，火候也拿得非常之準，吃到嘴裏，不老不嫩，香脆可口。每到夏天，他還添賣冰鎮扒糕，所謂扒糕這個吃食，恐怕也就是北京獨有的，到了外埠很少見到。這是用蕎麥麵團成圓餅，其形狀大小，類似燒餅，上籠屜蒸熟，在冰上鎮涼，吃時切成窄條，用芝麻醬、醬油、醋調拌起來，暑熱天氣，吃到嘴裏，清涼香膩，非常爽口。據我所知，北京前門外的幾家著名大清真飯館，類如煤市街的「餡餅周」等等，一年到頭，每天所用的牛羊肚子，都是歸這個「馬巴兒」供應批發，足見他的貨色肥美新鮮，也就可以不言而喻了。

北邊兩個攤子，靠西面花牆子是個餛飩挑子，雖然也是煮一鍋豬骨頭湯，與街面上一般賣的沒有什麼差別，彷彿是平淡無奇，其實他也有一椿拿手，就是沃雞蛋，每個雞蛋經他的手沃出來，用嘴咬開，都能保險是外老裏嫩，個個全是糖心兒，可又決不至於順著嘴角流黃湯，這就是手法準確，他若是沒有這一技之長，也不可能在廣和樓常駐幾十年，因為餛飩挑子這宗買賣，在北京論起來，不算是什麼稀罕對象，能夠在戲園子裏面終年長擺，必然有他的可取之處，否則早就不能維持他的嚼穀兒了。

這院子東面便是劇場，在劇場的北窗戶外面，有一個賣鹵煮小腸的攤子，每天鍋裏煮著豬大腸、小腸、豬肝、豬肺、炸豆腐、硬麵火燒，熱氣騰騰，香味撲鼻。遇到下午三四點鐘，吃下午點心的時候，總是擠得沒有座位，其食客之盛，並不弱於其他的三個吃食攤子。

這院子的北首路西，有一間小屋，那是茶爐。全園子裏，無拘前臺後臺，

各處使用的白開水每天都是由這屋子裏供給出來的。靠南首是一個公共廁所，雖然鄰近馬巴兒的爆肚攤兒，到了伏天，氣味相當的難聞。可是吃爆肚與豆腐腦兒的人，仍然是圍得水泄不通，其樂此不疲的精神，也就太可佩服了。

北京前門外老廣和樓外景和內景。

廣和樓的「堂裏」（按北京以前戲園業術語，將前臺及觀劇場所統名之為「堂」，故查票時，謂之「查堂」，觀眾群相離座，謂之「起堂」，今沿用之），完全是舊式的建築，坐東朝西的戲臺，觀客的座位也是長條桌、長板凳，這種舊式設備，直到抗戰軍興，還沒改變，可稱是一個最守舊的戲館子。全園共分十一個「地眼兒」（看座人分組管理，其所管地區，該業術語謂之「地眼兒」），計舞臺正面池座，分列條桌八行，每行有六張條桌，魚貫排列，每桌例應對面分坐八人，但是看座的以多擠人為原則，有時一桌能擠上十二位顧客，所以遇有上座多的時期，只一個座池，就能賣近六百人，這裡面分做四個「地眼兒」，正中四行，分稱「南臺」，「北臺」，左右各兩行，分稱「南邊」，「北邊」，池座後面是正面樓下的走廊，也分成兩區，叫做「南月臺」、「北月臺」，東西樓下，分稱「南廊子」、「北廊子」，乃是一般老顧客與捧角家聚集的地方，此外還有「正樓」、「南樓」、「北樓」。以上就是十一個「地眼兒」的區分。外面樓梯兩側，各有角門一個，南邊的通一條小夾道，可以直到後臺，北邊的可以通到茶

爐房，在北廊子最盡頭，有一個小院，裏面有一間小矮房子，是專門印刷戲單的所在。

廣和樓的後臺，占的地方最大，僅有西柳樹井大街第一舞臺足以和它相仿，全市再沒有比它面積大的了。除去一個大院子之外，正面是三間半大廳，北面還有兩間瓦房，全都互相通連。所以扮戲的地方異常寬綽，這是別家戲院所比不了的。

廣和樓位於肉市胡同的中心，右鄰是天福堂飯莊，左鄰是天泰樓二葷鋪，對面是天瑞居飯館，這三家雖然都是賣飯的店肆，但是北京的習慣，他們的營業各有不同，飯莊子專應整桌的酒席，很少人去零吃小酌；二葷鋪的菜蔬，只有豬羊肉，不預備海味，並且附設茶館；飯館子是專應便酌，沒有人去要成桌的筵席。有人問我：「為什麼對於廣和樓的裏裏外外，寫得這麼詳細？」這是因為這個戲園子早已被他的房東白薯王家售賣，新業主已經把這一座古老的建築拆成平地。寫詳細點留個紀念，也可以為當年流連此處的人供個回憶。

廣德樓在北京前門外大柵欄西口路北，左鄰是鴻茂祥洋貨莊，右鄰是信寶齋鐘錶鋪，對門是保太和廣藥店，他的面積比起廣和樓來，可就小得多了。一進門道，有些兒下坡，一個「切菜刀型」的院子，三間西房，是前臺的櫃房，路北便是戲樓，進了「堂裏」，也是南北西三面樓，坐東朝西的戲臺，北面另有一個窄條院子，三間北房，那是後臺辦賬、開份兒的地方。在戲樓進門的左側，有一條夾道，可以通入後臺，雖然也有個院子，但是不大，後臺裏面，窄得相當可憐。差不多三慶、中和、天樂等處，也都是如此，誰家也沒有廣和樓的後臺大，所以科班的學生，在廣和樓後臺容易出毛病，譬如捧角家的勾結學生，背班逃走的種種流弊，以在廣和樓發生的次數較多，就是這個緣故。

第五章　今日蘭芳舊喜神

名評劇家景孤血曾有長歌詠富連成，其中有句曰：「三教宗皆豔女人（見《堅瓠集》），唐堯（唐富堯）李（連貞）朴（富興）不為新，莫言風水都占盡，今日蘭芳舊喜神（梅博士曾帶藝搭班喜字科）。」

七行七科細說分明

按照梨園行的組織，後臺應該分為七行七科，所謂「七行」，全是上臺的角色，就是「生」、「旦」、「淨」、「丑」，各占一行。還有武行，是專在武戲裏擔任起打跌撲的，譬如正面的官將、神將，反方的賊寇、英雄，以及妖怪等等。至於跑龍套的，叫作「流行」。另外便是扮上下手的，叫「上下手行」，這一行人，在清宮演承應戲的時候，傳他們當差，內廷叫他們是「金斗行」，專以翻捧大小跟頭為能事，與攢跤的撲戶、耍龍燈的及冬天三海溜冰的同一待遇。所以他們雖然上臺，花名冊子卻不在昇平署裏。以上所談的就是「七行」。

至於「七科」，第一是經勵科，第二是音樂科，第三是劇裝科，第四是盔頭科，第五是容裝科，第六是劇通科，第七是交通科。

經勵科就是俗稱的那個「頭兒」，這一行人，也是有師傅有徒弟，七年坐科，學滿了，有的獨創事業，有的仍然跟著師傅效力，他們所擔負的責任，是專受後臺老闆的指揮，對內傳達老闆和戲班中人的話，開發戲份，對外是偏重在交際，例如演營業戲時，向前臺「辦賬」，在戲園子裏「查堂」，承接堂會，和主人家交涉；每天還有一個最要緊的責任，就是能在散戲以前，打聽得到鄰

近幾家戲園子明天都貼的是些齣什麼戲，回來報告給老闆；那麼一來，這一方面就能夠預先有所趨避，老闆派第二天戲碼的時候，可以用別家的戲碼來作個參考，這邊可以來個知己知彼。這種事情，自從「先期售票」的辦法流行，也就無需乎多此一舉了。

音樂科，是在臺上專司樂器的。劇裝科是指大衣箱、二衣箱、靴包箱而言。盔頭科，是管盔箱的。容裝科，是管梳頭桌的。劇通科，是包括上下場門打臺簾的、檢場的、管切末的、後場桌管靶子箱的、管水鍋、彩匣子的這些人而言，總名之為「四執交場」。交通科，是專管催戲的。以上這一部分，就是梨園界中不用粉墨登場的「七科」，其職責的重要，與師承的規範，較諸上臺唱戲的「七行」，同樣重要。

進廣和樓一炮而紅

靳四，是光緒晚年北京梨園行裏幹經勵科的一把能手。頭腦清楚，辦事敏捷，交際廣闊，手腕靈活，稱得起打裏打外、無往不利的一員健將。他手下有三個徒弟，一位叫張廣瑛，一位叫楊萬成，一位叫李少泉，師徒四人在當時的戲班裏，很有些相當名氣。彼時每一戲班在北京出演，第一道手續，就是先得「報廟」，這個「廟」便是「精忠廟」的廟首，要把某一戲班領班人，以及後臺老闆，連同所有全體執事人員，和演員的花名冊子送去，由廟首代呈昇平署備案，一般的習慣，這個領班人，就是經勵科的頭兒出名，所以內行又管這行人叫做「頭行人」。葉老闆接受了蔡鈺亭（榮貴字）的建議，約出靳四頭兒，做喜連成科班的領班人，一直到進入了民國，靳四年老病故，富連成的這個領班人，才由靳四的大徒弟張廣瑛繼承。

光緒三十二年臘月，廣和樓的管事與靳四先生接洽，明年正月希望喜連成科班從同樂軒轉移到廣和樓去長期演唱，靳四說：長期倒是可以，我們要訂立合同，就是以一年為期，二八劈賬，遇有堂會，館子分包，倘或有全包的堂會，館子裏就歇一天，彼此概不包賠損失。廣和樓方面，是但求請到戲班子，件件應允，然後由靳四稟明了葉老闆，便與對方簽訂了合同，臘月二十日在同樂軒封臺，次年（光緒三十三年）正月初一，便在肉市廣和樓上演。

這天是午前十點鐘開鑼，一共是九齣戲，除了前三齣，《靈官跳臺》《文武財神》《天官賜福》是新年元旦日照例的神戲以外，第四齣特別又加演了一齣《財神輻輳》，因為初次進廣和樓，派出這個戲來是為取個吉利。《財源輻輳》

這齣戲是整段崑腔，上場的人數既多，聚寶盆、元寶車子這類切末又不易置辦，所以近四十年來，除去科班以外，在大班里根本就不容易見得到，因之沒聽過這齣戲的人可就多了。這齣戲所以異於《天官賜福》《富貴長春》這些神戲的地方，是頭一場由四個黑龍套推著元寶車子，後面跟著一個黑虎形兒，引趙玄壇上，弔場，前邊有通名字、表白，後邊有唱崑腔、扯四門，沒見過的人決想不到這是一齣開場的神戲；以後才上福、祿、壽三星，五路財神，和崔剛、石運、金神、銀神四個靠把將兒，催財、看財、吉祥、如意四個童兒，至少要用三四堂龍套，臨收場的時候，還得上一個念「財源獻上」的。請想，這一算就是三四十人，普通戲班裏的底包，如何勝任得了，喜連成這天，是由張喜海扮的福星，孫喜恒唱的趙玄壇。第五齣仍然是一個吉祥戲《打金枝》，是張喜福的唐代宗，陸喜明的娘娘，律喜雲的公主，李喜蘭的郭艾。第六齣是梆子《汾河灣》，由彭喜鳳扮薛仁貴，李喜泉扮柳迎春。第七齣《英雄會打竇爾敦》，趙喜魁的黃三太，康喜壽的計全，陸喜才唱竇爾敦，張喜汎唱楊香武。倒數第二是金絲紅（工喜秀）的《擊鼓罵曹》，孫喜恒給他配曹操。大軸子是《金雁橋擒張任》，由周喜增唱的張任。這一臺戲，雖然在正月初一的白天，不算是什麼好日子口兒，但是這半年來喜連成這三個字，已經是先聲奪人，所以在開戲以前，已然上了個八九成庫，《打金枝》還沒出臺，臺底下已然就賣得座無隙地了。

喜連成排演新劇《普球山》劇照。左起依序為孫盛雲、朱盛富、裘盛戎、葉盛章、高盛麟、葉盛蘭、仲盛珍、李盛藻。

各行兼擅習藝多能

　　喜連成自從進了廣和樓長期演唱，就算是奠定了江山，與他同時的玉成、長春兩個科班，全都顯然有遜色，望塵莫及。喜連成的學生雖然也是各行分別習藝，因為上臺的人數不過五六十名，所以有些個人，都是「兩抱著學」。例如廣和樓開張戲裏，花臉張喜海，就可以戴汾陽，穿紅蟒，掛上黑三，扮個《財源輻輳》的福星。開口跳陸喜才，也能勾臉打紮巾，來一個《英雄會》的竇爾敦。這還可以說，不大離格。最難的像那天大軸子《金雁橋》的張任，是由二路老生周喜增扮演，這就在乎練工的時候，要全體出動，文行能夠動武的，武行也會唱文的。類如張喜福、閻喜林這兩個老生，經常都能唱老旦的戲。花臉侯喜瑞一向是文武不擋，偶而也能來個丑角。武旦雲中鳳（趙喜珍），可以兼演小生，雉尾、扇子、袍帶無一不精，所有頭科戲裏的頭路小生角色，都歸他一人包辦。

　　小花臉陳喜德，可以兼唱副淨。至於整個兒的團體訓練，例如把《大回朝》《龍虎鬥》這類戲派出來，要上八堂龍套，那就不分好角歹角，一律穿上龍套衣，跟著出去「站門」。有的應該走圓場全體唱的時候，更得全都張嘴，教戲的先生在後臺扒上場門的臺簾，向外看著，誰要是沒唱，回到後臺，就有一頓責罰。所以一齣《天官賜福》，上自五位福神，下至童兒龍套，人人都會由「醉花陰」，唱到「水仙子」，不似大班，只聽天官一個人的，這就是科班出身的可貴。這個規矩，一直流傳到了七科，始終不改。這位大師兄張喜海，除去他本工花臉以外，老生、老旦、小花臉全拿得起來。他的師弟陳喜光搭李萬春的永春社的時候，不唱本花臉，專應二路老生，連《珠簾寨》的程敬思他都唱了。再如花旦金喜榮，反串過《南界關》的徐夫人，頭本是青衣，二本是武旦，起打的時候，紮上靠，打三股檔，與劉連榮、蘇富恩、陳富芳，三個人打得那份緊湊嚴密，似一棵菜那樣整齊，後來葉盛蘭唱這齣《南界關》就是他給說的。到了民國 21 年，他到了上海，進了天蟾舞臺當底包，就是專應小生一工，像以上諸人都是受了當年坐科時候的訓練，有兩門抱的經驗，才能如此應付裕如。

輕財重義梨園一人

　　喜連成學生的技藝既然這樣淵博精湛，演出來的戲，自然更是每齣均臻佳

境。在前清光緒年間，戲園子裏的規矩，是不許賣女座的，一般官宦人家的婦女，除去在堂會以外，根本沒有聽戲的機會，以致王公府第、富戶巨商，經常在自己宅內，都要借個因由，唱一場堂會戲。不僅高齡壽誕，兒女婚嫁，就是生個小孩，三天滿月，也要邀親會友，開筵演戲，就成為那年月婦女觀劇的唯一途徑。靳四頭兒精於交際，雅善聯絡，故而什剎海的醇親王府，東四牌樓的肅親王府，散子胡同洵貝子府，豆腐池胡同的濤貝子府（這兩位那時候還沒有晉封貝勒呢），麻花胡同內務府堂官繼子綬的宅裏，以及安定門外邊外館沈家，這都是當時喜連成常演堂會的地方。一個戲班，能夠有日常出演的戲園子，再有每月絡繹不絕的堂會主顧，於是在經濟方面，相當的顯著寬裕了。一切的花費，自然也都不成問題，所以在丁未年間，自春至夏，可以說是喜連成「春雲進展」的時代。

恭王府大戲臺也是喜連成時常演堂會的地方。

再說那位牛子厚，自從光緒二十九年春天，交給葉春善二百兩銀子，命他回到北京組辦喜連成科班，一晃兒三年多，雖然每個月都接到葉老闆一兩封信，報告組織科班的情形，招收徒弟的數目，聘請教師的姓名，以至把總寓自西南園遷到後鐵廠，學生訓練得已然可以上臺，從唱「行戲」直到獨佔廣和樓，這一切的情形，寫得都很詳細，只是在這裡面，向來沒有談到一個錢字，更沒有年終報銷的賬目。他在北京的聯號買賣僅有一處源升慶匯劃莊，可是在源升

慶的報賬單裏，也查不出喜連成支款的數目字，牛東家心裏忖度著，偌大一番事業豈能不用錢，難道說這一群學生和那些教師，都是喝西北風活著嗎？實在有點大惑不解。

到了光緒三十三年夏天，這位牛三爺真有點兒憋不住了，於是先發了兩封信，通知源升慶與喜連成兩家老闆，言明定期進關，要到北京查看兩個買賣的營業狀況。他是坐京奉路火車動身，到北京那天，在前門東車站下車，葉老闆、劉春喜與源升慶的經理，全在車站的月臺上迎接。有一件最奇怪的事情，就是源升慶的經理居然不認識葉、劉二位，而這位源升慶經理也始終不知道喜連成這個科班和他們有聯號關係，牛子厚瞧著這事，太詫異了，心想：怎麼會三年的工夫，你們竟沒有見過面兒？在車站上沒有追問的時間，只好先給他們三人介紹了，便一同出站，乘坐轎車，先到就近的打磨廠大同店內源升慶休息。牛子厚迫不及待地向葉老闆說：「這三年多，你就沒到大同店來過，莫非我那張銀票，你就沒有兌過現嗎？」葉老闆笑著把那張銀票與當初牛東家給源升慶的那封信，從懷中掏了出來，雙手遞給牛子厚，說：「請東家原諒，春善自忖辦理這個科班，在基業尚未十分鞏固，不能夠給東家掙到大錢以前，沒敢妄動您的一分一釐銀子，怕是萬一有一點閃失，東家本人沒有在北京，離山迢遠的難免傳聞失實，很容易賓東之間發生誤會，所以一直沒有到這裡來接洽動用過款項。」

牛子厚接過銀票一看，果然是原封未動。便又問：「那麼這三年的工夫，你辦了這一樁大事，可是你的這個錢是從何處來呢？」葉老闆說：「不瞞您說，這一次給我的最大幫助，就是所有的教師以及執事人員、夥計、廚役，全是至親好友，人家完全是幫忙效力，管吃飯不掙錢。有些位教師，連飯都在自己家裏吃，白受辛苦來教戲。只有學生們的伙食，那是由我們墊辦，或向親友借貸，成立一年以後，能夠出臺唱行戲，應小堂會了，便有了收入。一面還清債務，一面儲蓄起來，置辦行頭。自從往保定唱完了一個月回來，這才慢慢的添置戲箱，又在北京唱了這一年來的工夫，哪一個月堂會都不少，堂會裏賺下來的錢比館子還多，不但清償了所有債務，而且連學生的衣帽鞋襪都可以供給了。在後鐵廠的總寓裏，有一本收支細賬，等東家休息幾天之後，可以請你到那裡去看看，就知道春善這三年中辦理的經過情形了。」牛子厚聽了他這一套話，把拇指一伸，說：「葉先生，我真沒想到，在戲班里居然有你這樣的一位輕財重

義、刻苦耐勞的人。尤其是你這一班朋友，肯於賠了飯錢來幹活，與人為善的這一份義氣，更是難得少見，有我牛子厚，總要對得起你們這一幫兒人。」

人心都是肉做的，牛子厚見葉老闆這樣刻苦做事，忠厚待人，認為是義重情長，萬金可託。後來把喜連成的事交給他全權處理，概不過問，連一個管理會計的賬房先生都沒有派到這個科班裏去，其信任葉春善的程度也就可想而知了。

葉春善、劉春喜等三人陪著牛東家吃完午飯，各自分頭辦事去了。牛子厚獨自雇車來到前門外大安瀾營門牌八號崔鼎丞家中，因為崔、牛兩家有乾親的關係，崔鼎丞的母親是牛子厚的義母，牛子厚每次到北京來，必住在崔家，崔鼎丞名叫師範，也是世代書香，崔師範本人是光緒朝某科的進士，不但筆底好，而且能寫擘窠大字，他的書法，是宗顏近柳，在北平前門大街以及琉璃廠一帶，有許多商店門前的匾額都是這位崔老先生寫的。清末民初，在故都寫店匾的，除去祝蔭庭（椿年）、李毓如（鍾豫），就要數崔鼎丞了。

牛子厚在崔家休息了幾日，把一路的勞乏歇過來，這天清早，一個人背著一個小照相機，安步當車的走向喜連成總局而來，因為大安瀾營到後鐵廠相距不過半里之遙，只要穿過琉璃廠，就算到了。他一進大門，門房裏的夥計不認識他，忙攔了出來說：「您找誰？」牛子厚心裏想，這可好，我自己的買賣倒攔住不讓我進去了。便說：「我找葉老闆，你就說我是從關外來的，我姓牛。」夥計一聽，忙說：「您是東家到了吧？」趕緊請了個安，又說：「不用通報，您跟我來吧」，他領牛子厚進了前院便喊「東家來啦」。這時葉老闆正和蕭長華、蔡榮貴在大廳裏商議排八本《三國志》的事，聽見這一聲「東家來啦」，忙都站起迎了出來，將牛三爺接進屋中，葉老闆先給蔡、蕭兩位介紹，然後又把正在給學生們用功的幾位先生請了出來，也都一一的介紹完了，才請東家到練功的院子裏去參觀教學的情形。

牛子厚見院內有四十多個小孩走成一列，全都是生氣虎虎，排做半圓形，正在毯子上一個跟著一個的練習打飛腳。他看了一會兒，便向葉老闆說：「這些學生裏，都有哪幾個是能夠單唱一齣的，你把他們叫出來，我看看。」葉老闆說：「這一群裏，至少有三分之一的能單挑一齣，若全叫過來，您反而認不清了，不如揀那最好的，叫過幾個來，見一見您。」牛子厚說：「也好。」葉老闆就通知宋起山，叫學生們停功，然後分列四排，站齊了拜見東家，又從這

四排中,把王喜秀、康喜壽、趙喜珍、趙喜魁、高喜玉、律喜雲等單獨叫出來,站在牛東家前面,一一說明了他們的姓名、年歲、所習行業與能演的什麼戲。牛子厚對這幾個人非常喜愛,從身上摘下照相機來,給他們照了一張相片,又叫全體學生分站了兩排,也給他們照了一個全體的合影。葉老闆又請東家給武喜永、張喜福等最初進科班學藝的六個人照了一張。

喜連成的學員在院子裏練功,牛子厚攝。

牛子厚與各位教師再回到前廳,葉老闆將賬目取出,請東家查看,牛三爺略微翻閱一下,說:「這番事業,全是葉先生與眾位教師創辦了起來,不但我沒有費一點精神,而且也未花一絲毫銀子,如今大家捧我充這個東家,接這個既成之局,享這個現成的利益,我實在心有未安。」葉老闆說:「東家把事情看淺了,若非您給我本錢,讓我來組織這個科班,憑我個人,決沒有這種勇氣與魄力,總算是託您的福,現在科班裏能夠有盈餘了,但是往後用錢的地方太多,譬如添行頭、置切末一切用項,處處需錢,所以教師們的月規定得很少,東家這次到了北京,看明白了實在的情形,可以撥出一筆錢來,作為置辦戲箱用的,那麼再看有了盈餘,就可以給各位教師先生們增長薪水了。」

喜連成學員在教師的指導下練功。

　　牛子厚說:「這自然是應辦的,並且我想從現在開始,打從你葉老闆以下,連教師以至於傭人夥計,每人除了每月應得月規以外,每天演戲,都有一個『戲份兒』。遇有分包堂會,連館子開兩個份兒,如果堂會是帶燈兒(即是日場連演夜場),就開三個份兒,以酬勞大家在這二年多辛辛苦苦的一番功績,你看這個辦法好不好呢?」葉老闆說:「這是東家的厚道,我先代替全社人員謝謝您的栽培。」牛子厚說:「談不到什麼栽培,我這一點區區的意思,還酬謝不過在這三年以來大家幫忙的感情,也無非借著科班裏生出來的利潤,給大家點綴一下而已。」當天牛三爺就在科班裏吃過午飯,正站在大廳的走廊上漱口剔牙的工夫,見所有的學生已然排好了大隊,從旁院走了出來,前面由宋起山先生領導,中間有羅燕臣先生在旁監督,後面是蘇雨卿先生押隊。這一班學生一律是頭戴草帽,身穿竹布大褂,足下是白襪布鞋,身量矮的在前,高的在後,走起來像一個斜坡似的,走到廳前,每人都斜過身來,雙手合十,向著屋內供的祖師爺龕駕默禱致敬。一種神色的安詳,步伐的整齊,看起來絕不像一群沒有念過書的小孩。牛子厚看完,又到屋裏,向葉老闆說:「這些孩子們,難得的這樣沉穩規矩,走到街上,不知道的人看見了,萬想不到是科班的徒弟!」葉老闆歎了口氣說:「咳!俗語說得好:『家有一斗糧,不做小兒王』,您看著他們這樣整齊規矩,其實哪一個也不是省油的燈,一時一刻都得有先生們監督管理,越是材堪造就、聰明伶俐的孩子,越是調皮的頭子。所以每次一列大隊

出去，總是有三個先生跟著，才免得在路上生是非。固然現在外面都說，喜連成的學生有規矩，倘若離開了先生，他們的主意就全來了。為這些孩子們操心，真是一言難盡。不但白天，我是隨時隨地留神注意，就是半夜三更，我也要起來幾次，看他們睡覺的情形有無異樣，連蓋被沒蓋被我都得顧到了，這就用著了『恩威並重』的那句俗語，是待他們太好了不行，可是太嚴厲了，也是不成。」牛子厚點頭說：「有你這種精神，才能造就出來人才呢。」又談了一陣閒話，便由葉老闆陪著，一同來到廣和樓，看了一天戲，牛子厚看這一群小孩演唱起來，全都按部就班，齣齣精彩。比起以前來到北京看那些大班戲劇，截然不同。科班的戲，就好在一個「規矩整齊」，上了臺全都認真唱做，誰也不敢偷懶懈怠，潦草敷衍。一直看完了大軸子，又走到後臺對葉老闆與各位教師獎勵了一番，才分手獨自回到大安瀾營去了。

　　牛子厚在北京住了有一個多月，看了喜連成二十多場戲，認為是相當滿意。臨回吉林的前兩天，把葉老闆約到崔鼎丞的家中，關於以後科班的進行和業務的方針，詳加指示。除去撥出一筆款子，算是添置戲箱的用處，另外又單送了葉老闆幾百兩銀子，作為補償他這幾年來墊辦出銀錢的損失。雖然葉老闆一再推辭，不肯收受這份額外酬勞，但是牛子厚說：「除非你墊辦的錢比我所給的還多，認為這個數兒太少，否則你就沒有推辭不要的理由了。」葉老闆見東家的話說得這樣懇切，也就只好接受過來。牛子厚回到關外以後，喜連成科班有了基金，有了聲譽，就一天天的茁壯起來了。

喜連成社第一科全體學員的合影。

搭班習藝借臺演戲

北平梨園界的子弟，凡是沒進過科班，在自己家中請教師學戲的孩子，到一兩年之後可以登臺獻藝了，唯一的難處，就是大班不收，小班不留，實在成了做家長的一件最傷腦筋的事。葉老闆是科班出身，知道學會了幾齣戲沒地方唱，永不上臺，永久是外行的這宗難處，所以就開放了「搭班習藝，借臺演戲」這麼一條途徑，為的是便利同業中的子弟，學會了三齣五齣的小戲，可以參加到喜連科班中來，有一個實習公演的機會。在光緒三十三年的下半年，有生、旦、淨三行中五個小孩加入喜連成，每天與一般學生同臺演唱，後來這五個人倒有四個成了一代名伶，全都獨當一面，紅遍了南北，固然有他們個人的運氣，但最初是受了喜連成的提攜訓導，雖沒有正式坐科，但是經過了這種有規矩、有訓練和科班薰陶，他們的舞臺生活基礎便比較家裏學的不同，離開了喜連成以後，再經過一番磨煉，怎會不一舉成名了呢？這五個小孩，就是老生周信芳、林樹森、貫大元，旦角梅蘭芳，花臉童岐山五個人。

在喜連成借臺唱戲時的梅蘭芳（前排左三）。

這五個人中，以周信芳參加喜連成搭班習藝的年代最早，就在光緒三十三年夏末秋初，他就以「麒麟童」三字的藝名在廣和樓登臺了。等到宣統元年，他已經脫離了喜連成科班，自行在外搭各大班演唱，卻還沒有離開北京。

少年時代的梅蘭芳在《陰陽河》飾汲水女

梅蘭芳（1894～1961），原名瀾，字畹華、浣華，號鶴鳴。祖籍江蘇泰州市東薛家莊。生於北京李鐵拐斜街45號（今鐵樹斜街101號）。父明瑞，字竹芬，小生改花旦，母為楊隆壽之長女。梅蘭芳八歲開始學戲，從吳菱仙習青衣，10歲登臺，1908年搭喜連成班。一天早晨，葉春善與牛子厚一起散步。藝名「喜群」的梅蘭芳正在小樹林裏練劍。牛子厚見他氣度瀟灑，舉止端莊，沉吟良久便說：「這孩子相貌舉止不俗，日後必成大器，給他更名『梅蘭芳』如何？」葉春善欣然同意。從此，他就改用了「梅蘭芳」這一藝名。

周信芳少年時期的小照。

他在青年時期的戲裝像。

林樹森青年時期的小照。

他在青年時期演出《一箭仇》的戲裝像。

　　林樹森幼小時候，便跟著他的舅父「啞巴武生」王益芳練習武功，所以出臺後，藝名便叫小益芳。因為他幼時嗓音洪亮，就棄武習文，歸入了老生行。在喜連成搭班的日子很淺，大約是光緒末年就脫離了，後來在上海，以文武老生兼唱紅生戲馳譽，有相當的號召力。

　　貫大元比周信芳小三歲，他父親唱武生，名叫貫紫林。貫大元入喜連成是宣統元年，他才十三歲，那時麒麟童、小益芳都已脫離；藝名金絲紅的王喜秀、張喜福又值倒倉，二科的老生還頂不起來，正在這青黃不接的時候，恰好來了他這麼一個生力軍，於是生、旦一切的對兒戲，都可以唱了，可惜是不到三年，武昌起義，清室遜位，各戲班都休演了一個時期，同時貫大元也遇到了倒倉的命運，只好脫離喜連成，家居養嗓。直到民國6年，中秋節後，楊小樓、王瑤卿、劉鴻升在第一舞臺，那時貫大元已是二十一歲了，在中軸武戲前後，唱一齣單挑戲，類如《慶頂珠》《黃金臺》等，很受臺底下的歡迎。民國8年，又搭了梅蘭芳的喜群社，在新明大戲院演唱，從此慢慢的就紅起來了。

著名京劇艺术家貫大元先生（1897－1969）

貫大元青年時期的小照。

他在青年時期與尚小雲合作的戲裝像。

三生一旦共渡難關

梅蘭芳，名瀾，字畹華，乳名群子，原籍是江蘇泰州。他與麒麟童同庚，都是前清光緒甲午年生的，他的家裏可稱為伶官世家。在前清同光兩朝，四喜班中，有一個以演《梅玉配》的少夫人、《探母》的蕭太后、《浣花溪》的任蓉卿、《盤絲洞》的蜘蛛精稱絕一時的胖巧玲，那就是他的祖父梅巧玲。咸豐元年，梅巧玲自揚州北上，被人賣在福盛堂主人楊三喜的手裏做徒弟。那時他才十歲，專學坤旦，楊三喜對於徒弟非常嚴厲，不僅打罵，而且是徒弟一犯錯誤，就不給飯吃。梅巧玲在他的班子裏很受了些年的虐待，後來楊三喜死了，福盛堂也就散了，梅巧玲雖然受苦多年，把崑腔學了個根底，究竟還欠深造，便又投到師兄羅巧福（名丑羅百歲與老旦羅福山之父）在韓家潭所開設的醇和堂內為徒，這才把亂彈的青衣與花旦戲一一學會，成了個崑亂不擋、文武兼擅的全才。

梅巧玲學滿出師，自己開辦了景和堂，與當時的福盛堂、醇和堂這三個堂號，都是屬於四喜部，三家出來的人才，全在四喜班出臺演唱。梅巧玲以青衣而兼演花旦，曾瘋狂了同光年間的士大夫。現在一般的聽家，都說通天教主王瑤卿，冶青衣花旦於一爐，是首創花衫名詞的鼻祖，到了梅蘭芳才發揚光大起來。殊不知早年的梅巧玲，已然把這兩行角色兼擅並演，出色當行了。他演的蕭太后，是重在氣派與唱腔，《盤絲洞》就顯露了他的風韻與做工。老先生們談論起他來，還說「石頭（陳德林）的太后是學的巧玲，但是蜘蛛精洗澡，就

沒有人會了。」可見昔日的「七情迷本性」那一場，決非後來以色情取悅觀眾
者可比了。

梅蘭芳的祖父梅巧玲飾演蕭太后。

　　梅巧玲開辦了景和堂以後，便算是成家立了業，他娶崑腔老生陳金爵的次
女為妻，生有子女各二人，長子梅雨田，娶胡喜祿的侄女為妻，次子梅竹芬，
娶楊隆壽長女為妻，長女嫁名武生王八十，次女嫁秦腔名花旦秦五九。竹芬生
一子，即梅蘭芳，他三歲喪父，十五歲喪母，由其伯父梅雨田撫育成人。梅巧
玲從自成景和堂起，直到掌管四喜班，所收的徒弟，全都是以「雲」字排行，
最出名的，有青衣花旦余紫雲（叔岩之父）、武生張瑞雲、武旦孫福雲、青衫
兼小生陳嘯雲、崑腔老生姚祥雲（佩秋、佩蘭之父）、花旦劉朵雲、武老生鄭
桐雲、小生董度雲、花旦陳五雲、坤旦劉倩雲、劉曼雲、朱靄雲（字霞芬，即
幼芬之父）、崑小生王湘雲、花旦王桐雲、坤旦周綺雲、坤旦兼花旦鄭燕雲，
這十六個人，是光緒中葉四喜班中的四梁八柱，雖然還有搭班的各位名伶，但
在梅巧玲指揮之下，這些人也都曾經名重一時，後來只有余紫雲、朱霞芬這兩
個人還為世人所稱道，其餘的便湮沒無聞了。

　　梅蘭芳的開蒙業師是吳菱仙。乃坤旦時小福（時慧寶之父）所成的綺春堂出身，與吳菱仙同門習藝的，有青衣吳靄仙、刀馬旦陳桐仙、青衣張雲仙、坤旦王怡仙，還有章畹仙、秦豔仙、翟笛仙、江順仙，內中以秦豔仙去世最早。每年時小福生日，這八個徒弟都到時家祝壽，當時豔稱為「八仙慶壽」；又因這八人全都善飲，可云「拳高量雅」，故有「醉八仙」之號。

　　梅蘭芳在他九歲時候（光緒二十八年）正式拜了吳菱仙為師學戲，那時的吳菱仙是在大外郎營門牌二號（英秀堂譚家隔壁）朱霞芬的家中做家庭教師，教霞芬的次子朱小芬，蘭芳與他表兄王惠芳，都是到朱家去附學。在前清教青衣戲，開蒙的步驟，是西皮要學《彩樓配》，二簧要學《戰蒲關》，反二簧先學《祭江》。因為小孩子乍一開蒙，臉上的神氣，身上的動作以及抬手動腳，處處都不能恰到好處，所以先學這一類沒有表情、沒有做派的戲，上得臺去，只要有嗓子能唱，記住了詞兒，別走了板，就可以應付下來了，梅蘭芳自然也逃不出這個公例去。不像如今的旦角學戲，好一點的以《春秋配》《罵殿》開蒙，膽子大的，就先學《玉堂春》《鎖麟囊》；這與老生先習《失空斬》，武生先學《挑滑車》，是同一急進的心理，這種沒學走、先學跑的情形，無非都是「頭牌欲」在作怪，請想大家全搶著唱大軸子，誰又應該唱開場呢？結果是根基不堅實，學業不精純，只落得求榮反辱了。

　　梅蘭芳在朱家整整學了一年多，到光緒三十一年甲辰七月初七那天，才在廣和樓初次登臺，唱老本子《天河配》，也就是崑曲《長生殿密誓》那一折，他扮的是織女，僅僅在燈童擺完了七巧圖以後，他同牛郎站在鵲橋上唱一段崑腔，不過是一個過場而已。又過了兩年，才託人向喜連成的葉老闆疏通，想要搭班習藝，借臺演戲。葉老闆因為他是老恩師楊隆壽僅存的一個外孫，所謂愛屋及烏，當即一口應允，叫他進來搭班。那時候喜連成頭科的正工青衣律喜雲已然足以獨當一面了，自從梅蘭芳進來，葉老闆每天派戲，對於梅蘭芳是極盡提攜關垂之能事，把律喜雲的本主兒戲，大部分都派給梅蘭芳唱，有時候讓他們兩人迭為賓主，類如《五花洞》《大登殿》等等，都是彼此互相替換著唱。因為葉老闆的為人，一向是最愛護徒弟的，梅蘭芳有他外祖父楊隆壽的關係，自然要另眼看待；但是律喜雲在喜連成已然學了四五年，再有二年多就要出科了，也不忍過於壓抑他，使他不容易發展，這就是葉春善公平正直的地方。

《八仙過海》少年梅蘭芳飾何仙姑。

　　在喜連成帶藝搭班的除了這三生一旦之外，還有一個銅錘花臉，藝名小穆子，本名董岐山，他家原是外行，這個小孩子十幾歲的時候，就生得相貌雄壯，鼓腦門兒，大眼睛，嗓筒兒豁亮，真是虎頭虎腦，誰看見他，都承認是一塊極好的花臉材料。後來拜師學戲，沒到二年，便會了很多齣，偶而在堂會裏串演，很是那麼回事。光緒三十三年冬天，正值喜連成的當家花臉孫喜恒因病逝世，經人介紹，約他加入，專應黑頭一工。那時候喜連成的一齣《二進宮》由金絲紅唱楊波、小穆子的徐延昭、梅蘭芳扮李豔妃，足可以叫進半堂座兒來，後來王喜秀倒了倉，貫大元加入，接著唱這一齣的楊波，叫座力依然不減。

　　在光緒三十四年，喜連成除去武戲與玩笑戲，論到唱功，真要指著這幾個外搭班的來支撐局面。類如《戰蒲關》，是金絲紅的王霸、麒麟童的劉忠、梅蘭芳的徐豔貞。《九更天》，是麒麟童的馬義、梅蘭芳的馬女、王喜祿的馬妻、小穆子的文天祥，趙喜魁、劉喜益等幾個大武行扮四校尉，放在壓軸子唱，不但這一齣戲把觀眾全都吸引住了，連帶著大軸子武戲，也使人愛不忍釋，不到了吹「挑子」，誰也不肯離座兒。因此搭班習藝的幾個人，固然是受過喜連成的栽培，但是科班方面，也確曾沾了他們的光，其原因就是頭科的學生已進入了倒倉期，二科的人還在訓練期間，若非這幾個人加入，有許多專仗著唱功的戲就不能派了。所以自喜連成開辦以來，到了這個階段，總算是一個很危險的

難關，幸而有這幾個人參加，雖然搭班的時期有個久暫，脫離的年代有個遲早，究屬是細水長流、接連不斷，無形中便把這個難關渡過去了。

　　天下的事情，總不能夠盡如人意，喜連成在這一波甫平，緊跟著一波又起，第二個難關銜接著就到，所謂第二個難關，就是在光緒三十四年冬十月，光緒皇帝賓天，慈禧太后也同時崩殂。在帝制時代，皇上死了，一般庶民都得守孝，按大清律例，是要停止宴樂，遏密八音，老百姓們在一百天之內，連剃頭都不許，更談不到開鑼唱戲了。

第六章　蕭長華導演連本戲

　　清代帝后崩逝，統名之為「國喪」，每到「國喪」的期間，黎民百姓也都得如喪考妣的一個樣，雖不必守孝三年，卻要在這一百天內，男人不准剃髮，女人不准擦胭脂抹粉，倘若穿了綢緞鮮豔的衣裝，那便是犯了大不敬的罪，按照大清律例，應該是殺無赦，你說厲害不厲害？

　　帝后生辰，是為「萬壽」，照例應該「普天同慶」，誰家若恰巧有了白事，都不能挑選這個日子出殯，可是遇到「國喪」，所有臣民也得跟著皇室，做一個「普天同『弔』」的表現。百日之內，遏密八音，至於人民因此失業，甚或斷炊，那就非官家之所能計及的了。所謂「遏密八音」，就是一切的響器全不許敲動，女僕們失手把銅茶盤子掉在地下，都得防備著隔壁的御史老爺給你參上一本，其嚴重性也就夠瞧的了。

　　北京早年有幾種挑著擔子下街作小販的，他們不是吆喝，而以響器來代表的，譬如賣糖食與小兒玩具的，是打一面小鑼，俗稱這種挑子為「打糖鑼的」。還有賣豌豆糕的，是打手鑼。賣布的，搖小鼓。賣炭的，搖大鼓。賣花粉絨線的，搖兩個小銅鑼，俗呼之為「搖鈴兒的」。以上各舉了幾樣挑販用來招徠的器具，全是當年北京大街小巷所常見的，這些買賣遇到了「國喪」，一律都得改為口頭吆喝，而不能再動原用的響器。除去剃頭的以外，別項還可以照常營業，唯有梨園行唱戲的，這是一種有聲音、有表演動作的娛樂，在「國喪」裏，只好是歇業。北京的土語，管「國喪」叫「斷國孝」，所以梨園行這一「斷」就是起碼一百天。像同治帝后先後賓天，那一次整整的斷了半年多，這一回光緒皇帝與西太后又是前後腳兒去世，按照上面的例，也應該讓人穿兩番兒孝，

但是那一年正頒布了憲法與預備君主立憲，所以這一次的雙重喪，反較以前有些通融，一切都顯得馬馬虎虎了。

科班停演閉門排戲

雖然骨子裏不十分認真，在表面上，還得直呼直令地執行國家制度。喜連成科班當然不能例外，只好停演，因為至少是一百天的期限，無形中便算與廣和樓解了約。按照別的科班的辦法，是停鑼以後就把所有的學生全交由各自家長領了回去，總寓裏停止飲食，既然沒有了收入，就得藉此減省開銷。但是葉春善卻不肯這麼辦，他對各位教師們說：「牛東家讓我承辦這個科班，主要的是為了造就梨園行的人才。如今逢到朝廷大喪，不能唱戲，但不宜把徒弟們全送回家裏，玩個三五個月，心也散了，玩藝兒雖不至於忘個一乾二淨，究竟是沒有人督促著他們用功，戲班裏的工夫是不進則退，等到將來能夠准許唱戲的時候，又得再從頭溫理，不但使先生們生氣受累，學生們也是樂不抵苦，所以我想要求各位先生，照常來教導他們，所有的學生一概不許回家，照常學戲，至於大家的伙食以及各位先生們的月規，我這裡是依舊供給，按月開支，賠幾百兩銀子，東家也說不上什麼來，只要在這幾個月裏能夠多排出幾齣新戲來，我們這些人，對上對下，就算是問心無愧了。」蕭長華、蔡榮貴對於葉老闆的這個意見是首先贊成。其他諸位也都附和稱是，所以國喪停演的期間，喜連成不放假，學生們照常用功，這一措施，使這些弟子們獲益匪淺，後來牛子厚聽說了這件事情，也認為是雖然賠墊了幾個月的費用，也是情甘氣順、心安理得的事。

在「斷國孝」的期間內，喜連成科班閉門排戲，照常練功。若論各行的教師裏面，要算蕭長華與羅燕臣這兩位先生貢獻最多，出力最大。類如八本《三國志》，頭二本《雙鈴記》等等，都是蕭先生主持排演的。武戲裏的《連環陣》，燈彩戲的《骨牌燈》，那是羅先生說的。還有一齣《太湖山》是由韓二刁先生給說的文場子，起打以後的各種檔子，都是羅燕臣研究出來，與韓先生合教的。

變通辦法說白清唱

「遏密八音」定律是一百天。這一次因為不甚嚴格，在百日之內，已然有幾個班子，在前門外的戲館子裏開始有「說白清唱」了。原來這「說白清唱」乃是早年梨園行遇到「國喪」的一個變通辦法，就是便衣登臺，不動響器，改

用嘴裏哼。比如打大鑼的，用左手假做提鑼的姿勢，右手拿著鑼錘，往虛空裏敲，嘴裏念著「鑼經」，以口代鑼。其餘場面上的幾個人，也都是如此，連胡琴、月琴都在禁止拉彈之列。總而言之，凡是金石絲竹，匏土革木，全不許出聲，要不然怎麼叫「遏密八音」呢。但是光緒末年的「說白清唱」，已經可以通融了，打大鑼的可以用鐃鈸代替，打單皮的也可以輕敲慢打，只要聲音不傳達於戶外，也就給他個不予嚴究了。

上臺的角色，雖然是依舊唱做念打，只是不許穿上行頭。唱青衣的頭包一塊藍綢子，唱老生的卻可以帶上髯口，小花臉在鼻子上抹一塊白，唱大花臉的是用各色包頭的顏色，來表示他的身份，並且在臉上畫兩道濃眉，或是簡單的勾些粗細花紋，以表現劇中人的性格。

以上這些掌故都是蕭長華先生後來告訴王連平，而由王連平又轉述給我聽，當時不過記了大概，現在寫出來也成了故事了。

宣統元年，喜連成「說白清唱」是在大柵欄廣德樓。這一天，大軸子演《豔陽樓》，由康喜壽扮高登，金連壽扮花逢春，周喜茹的呼延豹，陸喜才的秦仁，趙喜魁的青面虎徐世英。在頭一場走邊下來，卜兩個更夫渦場的時候，按照老規矩，這一場應該由管切末的人，在場上擺一座「豔陽樓」樓形的切末。這天那個主管切末的名叫張三，沒留神用「樓腿子」碰了旁邊打大鑼的一下，這個打鑼的是琴師陳玉的胞弟，人都稱他陳老三，就說：「你怎麼碰我呀？」張三用開玩笑的口吻回答說：「碰了就碰了吧。」沒想到陳老三隨手就把手裏的鐃鈸飛出去，當時把張三的腦袋砍了很深的一條口子，血流滿面，由人攙扶進了後臺。這都是在切末後邊的事，有那一座「豔陽樓」擋住了前臺觀眾的視線，雖然是當場出彩，前臺的人卻一概不知，後來喜連成「切末張三」的腦門子上落了很長很深的一道疤痕，這也算是國服期間說白清唱的一段插曲。

所謂「代表作」，自然是喜連成科班的幾齣拿手戲而言。不過這些戲，非僅喜連成頭科時期成為足以號召觀眾、獨擅勝場的佳劇，便是以後從二科直到五科，也是始終以此膾炙人口，大家公認為別班不易輕動的戲。當然，既是成立一個科班，就要有幾齣專擅獨門而且他班無法抗衡的戲，究竟舊劇是有一定規矩，編戲不宜超越了範圍，如果連這個條件都不夠的話，那麼這個科班的壽命就難望長久了。在前清小吉祥科班有一出《斗牛宮》，民初的斌慶科班有八本《混元盒》，到了後來，北平戲校、尚小雲的榮春社、李萬春的鳴春社，也都各有獨一門的本戲，倚為叫座的左券，雖然有人認為《火燒紅蓮寺》《崔猛》

《濟公活佛》這一類戲誤人子弟，但是彼時的潮流趨向，觀眾的程度低落，使辦戲賣錢的人不得不在生意上著眼，至於會不會誤人子弟，那是另一問題。

喜連成的拿手戲，決不是標奇立異，憑空杜撰，而是把古本重排，規規矩矩的老戲。所以才能幾十年來歷演不衰，民國 10 年以後，雖亦間或散見於各大小班中，那仍然是他們科班出來的學生主演，或是富連成出身的人所傳授，使這些老戲不致失傳，這是值得大書特書的，以見昔年那些位老教授保存國劇精華的功勳永垂不朽。

盧臺子編八本《三國》

先說這齣八本《三國志》，那原是前清道光初年，三慶班中盧勝奎（人稱盧臺子）所編。到了同光兩朝，僅餘單齣折頭，沒有人再演全本。喜連成班在光緒國喪的時候，蕭長華先生把這戲的本子拿出來，與蔡榮貴、葉福海諸人共同商討，由蕭先生主排，蔡、葉兩位襄助，到宣統元年，才教成公演。蕭先生這戲，是他本師宋萬泰的本子，因為宋萬泰是崑丑楊鳴玉（俗稱楊三）的徒弟，楊在早年參加過三慶班，與程大老闆、徐小香、盧檯子諸人合演過這戲，更兼宋萬泰也搭過三慶班多年，所以蕭先生這齣戲是得過實授的。

盧勝奎便裝像　　　　　　　　　「同光十三絕」盧勝奎畫像

盧勝奎（1822～1889）中國京劇形成初期演員，工老生，也是最早的京劇劇作家。乃丑角巨匠蕭長華之義父。江西人（一說安徽人）。綽號「盧檯子」。出身仕宦之家，自幼酷愛戲曲，常與劇界人士交往，因考試不中遂入梨園，初演即為三慶班主持程長庚賞識，約其入三慶班學藝，宗余派（余三勝），深受程長庚器重，為程長庚得力輔弼。

　　喜連成這齣《三國志》，雖有蔡、葉兩位先生幫忙，但是舉凡一切的派角、念詞、下地方、排身段，處處還都要蕭長華先生躬親處理，因為既是稱為八本，就要分做八天演唱，每一本裏都有主角做戲膽，然後再分出軟硬的配角來，每個角色都有不同的俏頭，每本末場結局的時候，都有一個「扣子」，使看戲的人如同聽評書一樣，今天聽完了，明天還得來接著往下聽。這八本《三國志》止名應該是《赤壁鏖兵》，頭本是《舌戰群儒》，二本是《激權激瑜》，三本是《臨江會》，四本是《群英會》，五本是《橫槊賦詩》，六本是《借東風》，七本是《火燒戰船》，八本是《華容道》。請想這一連串的好戲，不用說現在，就是當初，也只有科班能演，後來馬連良、李盛藻等離開了科班，自己掛頭牌的時候，也沒有把這八本都唱全過，主因就是配角不齊，會的人太少。像《舌戰群儒》的黃蓋，只有張富有、劉盛常兩個人會，《激權激瑜》的孫權，也只有劉連榮、孫盛文能唱，《橫槊賦詩》的曹操，還有侯喜瑞、劉連榮、陳富瑞、孫盛文、袁世海等五個人可以應付得下來，至於《臨江會》的關公，除去劉連榮、孫盛文以外就算沒有了。民國 28 年，陳盛泰在北平戲校執教，曾給關德威、儲金鵬、王玉讓三人說過這齣《臨江會》，初次公演的那一天，盛泰曾特約我與劉富溪、孫盛文到廣和樓去看，結果沒等到看完，就把陳盛泰給氣走了。所以「戲」可以說是人人都能唱，若論好與不好，那就要看各人的天分與工夫了。

　　喜連成頭科的《三國志》是由王喜秀唱魯肅，雷喜福唱孔明，耿喜斌的蔣幹，侯喜瑞的曹操，陳喜光的孫權，趙喜魁的黃蓋，康喜壽的趙雲，陸喜才的張郃，劉喜益的許褚，李喜樓的曹洪。當日派角的時候，唯有周瑜，想來想去沒人可派，大費了斟酌。因為頭科的學生，沒有適宜的小生，雖然有一個李喜蘭，只夠二路活，扮上周瑜，不但不像，而且有些地方，他也做不出來。蕭先生教戲一向是寧缺毋濫，不肯將就，結果還是從喜字輩這麼多學生中派了唱武旦的雲中鳳趙喜珍反串了這個角色。

周瑜舞劍小香首創

　　趙喜珍演八本《三國志》的周瑜，在群英會的那場，有一段醉後舞劍，這是葉春善老闆的長兄葉福海先生給他說的，因為葉福海是四箴堂三慶科班坐科，當年他見過三慶班徐小香演戲，經常都有這場舞劍，他不但傳給了喜連成頭科的趙喜珍，便是富連成二科的小生程連喜與三科小生茹富蘭，演這齣《群英會》帶舞劍，也全是葉大先生教的。後來葉盛蘭的舞劍，即得自他姊丈茹富蘭的傳授。

　　寫到此處，我想起前些時候看孫養農先生所著《談余叔岩》一書中，曾說這戲的舞劍是由程繼先首創，這似乎並不盡然。原文的大略是說：「有一年魯督張宗昌在濟南府演堂會戲派定了程繼先在《群英會》中要帶舞劍，程因素不擅此，愁坐旅邸，深感焦灼，賴同屋居住者乃老名淨錢金福，勸其無須煩悶，乃為其編此一套劍法，連夜排練，次日程氏演出，始博得大眾喝彩」云云。這種說法，可能是傳聞之誤。因為張宗昌做山東軍務督辦的時候，是民國十三四年間的事；茹富蘭脫離富連成進華樂園，搭高慶奎的班，是民國 11 年的事，富蘭在科每演這齣，必有舞劍，又是常聽富連成的顧客所習見的事；更無論趙喜珍與程連喜兩人，唱這個戲還要比茹富蘭又早上十年了。三個人舞劍，我都親眼目睹，決非民國 10 年以後才加上的，這是可以斷言。所以若說是錢金福也是三慶科班出身，原就會這一手兒，到了濟南府，臨時傳給了程繼先，到許容或有之，若說這舞劍是自程繼先首創，那就有待考證了。

徐小香小照。

葉盛蘭飾周瑜之舞劍。

　　現在演《火燒戰船》的戲班，已然少得可憐，就算有唱的，那曹八將之「找不準扮相」，看了真令人可氣可笑，因為這八個角色，雖屬武行應工，卻是各有準名準姓的，自然他們之扮相與臉譜，都有一定的規矩，不能隨便胡來。如果我沒看過頭本的「起霸坐帳」，我也說不出這八人的名姓來。扮相固然全是絮硬靠，戴絮巾盔，張部是紫三塊臉、黑滿、紫靠。徐晃是油白三塊瓦臉、黑

滿、綠靠。曹洪是紅碎臉、紅紮、紅靠。許褚是黑碎臉、蓬頭、黑紮、黑靠。張遼是俊扮、黑三、白靠。夏侯惇是藍三塊瓦臉、黑滿、藍靠。毛玠是黃碎臉、黑一字、黃靠。于禁是綠碎臉、紅一字、綠靠。現在一般戲班裏的武行頭，倘若不是富連成出身的人，都或許未必能說出這八個人的準扮相來。

《雙鈴記》又名《馬思遠》

在八本《三國志》以後，蕭先生又排了一齣《雙鈴記》，這個戲是前後兩本，分作兩天唱完。故事是清代北京實事，前本名為《海慧寺》，後部叫做《馬思遠》。劇情大略是：有回族人名馬思遠，在北京前門外大柵欄，開設一茶飯館，雇有茶役名王龍江者，性雖誠樸，人極粗俗，是年除夕，馬思遠餽伊京錢二十弔，使之返家度歲，並告以明天正月初一併不休息，照常開市，囑其早來上工。龍江家住永定門外大沙子口，娶妻趙氏，名玉兒，貌美而豔，因王在城中做事，常數月不返，趙玉兒難耐孤衾，時作倚門眺望，藉引蜂蝶。適附近海慧寺舉行盂蘭盆會，鄰右婦女邀請趙玉兒往觀，在廟前偶遇售絨線小販賈明，趙見其輕佻可愛，賈亦驚趙為天人，彼此會心，因得目成。次日，賈在趙玉門外兜售針線花粉，趙出偽做交易，陰實互相調謔，值左近無人，乃引賈至家，為入幕之賓。二人明去暗來，繾綣數月，非僅王龍江遠居城內，不明究竟，即左右鄰舍亦均未覺察此懷春少婦別有所戀也。除夕之夜，王龍江酒醉飯飽，回家度歲，行至天橋迤南先農壇附近，遇舊日夥友甘子千，衣衫襤褸，向之告貸，龍江責其好賭償事，以致失業，僅付以銅錢二十文，甘以同事多年，臨危求借，反遭奚落，忿不受錢而去。王遂出城返家，時趙玉兒適留賈明於室，正擬共飲度此良宵，聞王敲門聲，乃藏賈於院中空缸下，王入門，見酒肴雜陳，詢誰在此？趙詭稱特備肴饌，待其歸來度歲，王喜又連盡數觥，酩酊入睡。趙喚出賈明，共謀弒夫，以圖久聚。賈明膽怯畏事，不敢應允，趙殺意已決，乃逼之云：倘不同意，則案發亦難免株連。賈明懼而首肯，但體戰手顫，大費躊躇，趙玉兒怒奪其刀，躍入帳中，力劈王龍江斃命。是劇前本，演至此處終場。

趙玉兒既殺王龍江，復將其屍體肢解，置諸磚坑洞內。蓋北方房屋深廣，甚少用床者，一般習慣，多喜臥磚炕，謂可冬暖夏涼，炕下有洞，嚴寒時，燃火其中，則被褥溫暖，今趙玉兒竟以之為毀屍滅跡之地。

次日黎明，已屬新年元旦，趙玉兒遣賈明去後，乃濃妝豔抹，進城至大柵欄馬思遠茶館內尋夫，揚言「王龍江已數月未歸，昨屆除夕，猶未返家，特來

尋覓」等語。馬思遠見元旦開市，即有婦人來門前吵鬧，深感不快，乃告以「王龍江在昨晚『喊堂』後，即已回家（茶館收市打烊，名為喊堂），今早開市，尚未來上工」，勸其往各親友處尋找，趙玉不應，反誣馬思遠藏匿其夫，向之索人，馬思遠與之爭辯，茶客有白瞎子者出頭解勸，亦未生效。由馬思遠之子馬大喜喚來看街地方，向趙氏彈壓調處，趙玉兒堅持必須交出王龍江始肯罷休。正在不得要領間，適九門提督至此，趙玉兒即攔車喊冤，乃將兩人帶至提督衙門，雙方各執一詞，毫無結果。遂又將全案移送刑部審訊，原告趙玉取保候傳，被告馬思遠有謀害人命嫌疑，暫予收押。馬大喜四處奔走，為父營謀。一日途遇甘子千，甘問其何以面帶愁容？大喜乃告以王龍江失蹤、趙玉訛詐、其父在監經過情形，甘子千則謂對此案一切詳情均屬深悉，且曾目睹，願到官府申雪作證。馬大喜挽之同赴刑部，擊鼓鳴冤。刑部滿漢兩堂官會審甘子千，使之說明案情經過，據供謂「除夕之夜在先農壇附近遇王龍江酒醉歸家，向之求借不遂，因而懷恨，尾之出城，擬夜入其家，盜取財物以洩憤，不意廚房伏視，則見趙玉與姦夫賈明圖謀一切，以至毀屍滅跡各情況，盡入眼簾，因貧無立錐，日需糊口於四鄉，故遲未報案，今聞趙玉竟圖嫁禍馬思遠以飾其罪，乃憤而出首」等語，當即拘捕趙氏及賈明二人到案，由甘子千質證，一掬而服，乃判馬思遠無罪，插花披紅，送出刑部。姦夫賈明判斬立決，淫婦趙玉兒凌遲處死定讞。是劇末後乃出斬遊街及法場兩場，趙玉兒騎木驢遊街時，因為彼時北京各戲園不售女座，故演者可以形容盡致，無所忌憚，唯不適演之於堂會中。民國 10 年前後，此戲即與《雙釘記》《殺子報》等同遭禁演。

這齣戲的情節略如上述，據聞早年是以四喜班的楊桂雲（字朵仙，乃小朵之父，寶森之祖）演此劇的趙玉兒最好。那時候的蕭長華不用說夠不上扮賈明，連甘子千都來不著，當年是羅壽山（即羅百歲）去賈明，德子傑（即麻德子）去甘子千，蕭先生不過來一個勸架的白瞎子而已。後來這個戲只有路玉珊（即路三寶）能唱，所有的配角，大致還是楊桂雲那一班舊人。在光緒庚子前後，路三寶這齣《雙鈴記》，與田桂鳳的《雙釘記》，胡素仙的《雙沙河》，可以並稱三絕。

蕭長華給喜連成頭科學生說這戲的時候，對於派角時的人選，又大費了一番腦筋，前面已經談過，蕭先生排戲認真，派出來的角色，異常注意，寧可讓他們反串，也決不使扮出來「不像」的人上臺。所以這個戲的前後兩部，有許多角色是趕場替換著扮，好在那時總是分做兩天唱，很少一日演完的，因而也

就不顯得十分倉促，但是留下了這個例，凡是唱這一齣某人扮某角，應帶演另外一個角色，便成了沒有明文的規定了。

那時是由元元旦（高喜玉）扮演主角趙玉兒，小百歲（耿喜斌）的賈明，在二本的「頭次公堂」，也就是都老爺翻案那一場，他扮一個刑房書吏先生，到了「三次公堂」的時候，他再趕回來扮賈明。侯喜瑞在頭一本是扮海慧寺的正座和尚，二本去馬思遠。王喜樂在頭本是甘子千，陳喜德的王龍江，這原是二花臉行應工，卻由他這小花臉反串。閻喜林的都老爺，王喜秀的舒明德，後來他嗓子倒了，唱不了出場的那一支新水令，這個角就由康喜壽抵充，因而從此留下了例，後來就變成了武生行應工。刑部漢堂官是周喜增。應喜芝反串馬思遠的兒子馬大喜，張喜海在頭本裏反串逛廟的廣姑子。蕭先生在鬧茶館那一場，把喜瑞、喜芝、喜海、喜忠四個回族子弟都派進去，就是為一切談吐、動作都能「夠味兒」。可見當時老先生排戲、派角兒是決不隨便的。

喜連成多回族子弟

聽說前清光緒年間，有某戲班演唱此戲，曾因演員失於檢點，在詞句與舉措上有了公然侮辱回族的地方而招致不滿，群起質問，後且演成搗毀戲園之武劇。蕭先生教排此戲時，對於這類關節，極力小心規避，雖小花臉之抓哏取笑，亦儘量慎重，絕對禁止他們信口開河，免致引起回族人的誤會。這並不是蕭先生怕惹是非，而是喜連成科班白葉老闆連同各位教師的一貫作風。他們對於回族的信仰與戒律向來是特別尊重的。譬如對於前述的幾個在校學生，總是給他們另預備伙食，所有筷、碗、菜、飯全都分別開來，不與一般的學生同等待遇。因之以後各科，幾乎是每一科裏，都有回族的子弟參加。最顯著的，類如馬連良、馬連昆、馬盛勳、沙世鑫、李世章、黃元慶、哈元章、李元芳等都是回族子弟。所以回族人肯把自己小孩送進富連成去學藝，也就是深知葉老闆以及各教師對於回族的學生不存歧視，而且在飲食起居上，給予種種方便，這都是外界人不深悉的事情。

至於喜連成頭科這齣《雙鈴記》，在演藝方面上說，當然是以元元旦最為成功。這原是一齣花旦應工戲，元元旦平素就是武旦、刀馬旦、花旦，三門抱演。飾這戲裏的趙玉兒，在逛廟、調情兩場，身段神情好得無以復加，末場弒夫的時候，能夠使臉上陡然變色，那一種兇殘刁狠的神氣，據我的觀感，也僅有路三寶是可以和他並稱雙絕的。後部最吃重的，要算鬧茶館那一場，非做得

潑辣爽利,才能使臺下看著過癮。元元旦在這一場,真是做足了那一種潑婦吵架的神情,把個扮馬思遠的侯喜瑞氣得是臉上一陣青、一陣白,那真是把戲給唱活了。

《雙鈴計》小翠花飾趙玉兒。

《雙鈴計》又名《馬思遠》,是根據發生在清末北京的一件實事改編的清裝戲。經過蕭長華的精心排練,成了富連成的一齣看家戲,每貼必滿。凡富連成出科的花旦,大都會這齣戲。其中,尤以元旦、小翠花、毛世來最為稱手。

這戲在頭本海慧寺逛廟那一場，既不用大過會的局面，也不用許多做小買賣的來點綴廟會的習慣，而由九眾和尚念經轉咒，來渲染當年北京城關那些小廟裏辦善會的情況。這一場戲不落一般的窠臼，是編戲的人善於運用，既簡便而別致，又新鮮且熱鬧，與《殺子報》劇中的放焰口，有同工異趣之妙。這九個和尚，中間正座的黃袍僧，是侯喜瑞扮演，由擊鼓升堂起，隨著磬聲，一齊披上袈裟，鳴鐘擂鼓，同念一篇心經，鄭重其事的，從「觀自在菩薩」念起，一直念到「故說咒曰……」為止。轉咒的時候，念「解冤咒」。這都是蕭先生特請來延壽寺廟裏方丈教的，所有應用的僧袍袈裟以及各種法器，也全是由廟裏借來的，一切務求像真，所以這一場每次最受臺下歡迎。二本裏，侯喜瑞再扮馬思遠出來，那一種老氣橫秋的樣子，與前本中扮和尚的那份嬉皮笑臉的狀況，簡直前後判若兩人了！

喜連成當年那一齣《雙鈴記》，除去高喜玉的趙玉、侯喜瑞的馬思遠，兩角色算是最受臺下歡迎的，以外便要屬耿喜斌的賈明了。耿喜斌之好處，在於臉上冷峻，口齒伶俐，不俗不厭。所以葉社長給他起的藝名為小百歲，言其可以步武羅百歲的後塵。老實話，他自從入了科班，一直便是由蕭長華先生手把著教出來的，尤其這齣的賈明與毛先生兩個角色，那真是彷彿蕭先生自己在臺上唱的一個樣。以後各科，類如三科的馬富祿，四科的孫盛武，五科的詹世輔諸人，去這角兒，或是失之俗，或是透著嫩，都不如耿喜斌扮出來顯得傳神。可惜他出科以後脫離母校，搭大班不得志，到了民國12年舊曆五月十五日（陽曆6月28日）抑鬱以終，那時他才二十九歲。

閻喜林，在這個戲裏所飾都老爺，內行中稱這個角為「都察院」。當年大班路三寶唱這戲，是甄洪奎的「專利」，除去他，別人扮出來就不像，因為誰也沒有他那種傻頭怔腦的樣兒。閻喜林進喜連成坐科之始，原學的是梆子老生，從秦腔教授嚴耕池、李壽山（外號一條魚，非大個李七）、勾順亮幾位，學《三疑計》的教書先生、《翠屏山》的楊雄這一路角色，葉社長看他很好的材料，總學秦腔未免可惜，才讓蕭先生給他改二黃老生，所以他唱「都察院」這種莊中寓諧的角色，非常對工。

連環陣為富社獨有

以上所談的，乃是蕭長華先生給頭科學生說的兩齣本戲。此外還有一齣《連環陣》，這戲是羅燕臣先生教的。羅燕臣這三個字一般讀者看了或感眼生，

其實他也是梨園世家，當年學譚鑫培出名的老生羅小寶就是他的胞弟。《連環陣》這戲，取材於《東周列國志》，就是《左傳》上周定王十年晉楚交戰裏面的一部分事蹟。從晉魏錡射楚莊王中肩起，到養由基射死魏錡，並擊敗荀林父等為止。列國演義的記述，已不能全與《春秋》《左傳》相符，到了編成戲劇，更是斷章取義，與正史相差的幾乎找不到家了。然而這齣戲自從羅燕臣留給喜連成以後，一直四十多年，始終成為富連成的一齣獨擅武劇。

到了民國 10 年冬天，茹富蘭搭了高慶奎的慶興社，才把這個戲帶到了大班去唱，後來能動這個戲的武生，只有楊盛春、江世升、黃元慶這三個人，都是受了富社教師王連平的嫡傳；至於馬連良組班扶風社，用馬君武作武生唱這齣《連環陣》，是在民國 20 年以後向何連濤學的；馬連良的長子馬崇仁也跟何連濤學過武戲。還有戲曲學校的傅德威的《連環陣》是從錢富川學的。所以這是喜連成的一齣傳統戲，也是羅先生一輩子的心血結晶。當初康喜壽的養由基，趙喜魁的魏錡，鍾喜久的荀林父，閻喜的楚莊王，扮四國大夫的有劉喜益、張喜槐、李喜樓、陸喜才等人。喜壽前半齣起打紮靠，後半部破陣換箭衣，那份勞累，有過於《挑滑車》《鐵籠山》，遠勝於《冀州城》《神亭嶺》。不過沒見過這戲的人太多了，那種緊湊火熾的起打，實非筆墨所能形容，因為此戲武行用得多，而且人人有戲，若非科班人頭整齊，確是難得見到這類好戲的。

燈彩戲《骨牌燈》失傳

喜連成還有一齣燈彩戲，名為《骨牌燈》，也是羅燕臣先生排的。到了民國 15 年以後，雖然每年只公演一次，遇有大型堂會，亦不過偶而為之。那時頭二科原排本主的學生，雖盡數離社，亦已不再充此燈童角色，由蕭長華先生改在大小兩四科中，另選了十六個新人充任，每人手持兩張骨牌燈，並將第一場全體登臺走一個大圓圈的次序變更，並將合唱之曲詞亦予以改寫，使每一句曲詞，均與每張牌面相切合，其詞如下：

文運大開（天牌），三年大比我順來（麼二），教他平地（地牌），上天台（天牌），只要我筆尖兒一帶（麼三），天地何曾肯弄乖（麼六），有時參錯君休怪（麼六），只要爾五夜虛心一點在（麼五），俺這筆點掃塵埃，斗柄橫滄海（麼三），十年窗下育英才（大五），一道文星呈五彩（麼五），縱有十萬黃金（大五），俺怎肯暗地（地牌）裏把一片丹心（麼四）為著他人（人牌）壞。俺本是文曲宮中大總裁（三四），老朱衣識我名尊貴（人牌），爾看秋鄉春會雁

字橫排（長三），都是九霄天上（四五、三六）行行姓氏分明載（長三），五雲多處是三臺（三五），虎氣騰上（虎頭）虎榜崔巍（虎頭），更有司命雙星掌五魁（二五），題名錄，四方賣（二板），紅綠羅袍映玉階（四六），杏林二月春風快（二四），莫笑那些書四下搜尋故紙堆（二板），四六句自唐宋來（四六），八股文章實精彩（二六），早經參透五經神（二三），方能跳出圈兒外。

　　此一圖案，連同所唱嵌入三十二張骨牌名的詞句，在現在聽來當然不合時宜；但其對仗工穩，辭藻典雅，卻是無可否認的。現在寫出來，無非表示當年喜連成曾經有過這樣一齣戲，現在此戲早已失傳，錄之僅供後來研究國劇的同好作一參考而已。

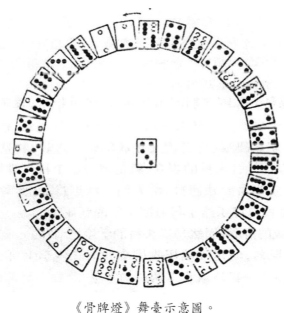

《骨牌燈》舞臺示意圖。

第七章　馬連良與小翠花

　　喜連成科班在國喪期間未曾休假，由蕭長華、蔡榮貴等幾位先生排了若干齣本戲。又由羅燕臣、韓樂卿、范福泰、楊萬青諸位教師排了許多出武戲，當宣統元年歌舞解禁之後，喜連成在廣德樓演唱，所以能號召大量的觀眾，就是因為這個科班規矩整齊，而所演的戲又多半是老戲新排，給人們一新耳目，從此留下了一個良好的印象，而奠定了這個科班四十年的基業。

　　這時演戲的情形，固然是以頭科的學生為骨幹，用搭班習藝的幾個童伶做陪襯，但是陸續招收進來的第二科學生，也於此時全都漸漸露了頭角。喜連成頭二兩科的學生，總數不足兩百人，比起後來的三、四、五、六各科，每科都在二百人上下，其前後的人數相差很遠，裏面有兩個原因。第一是因為適在創始，一般的梨園內行中人看不出他們辦理的成績如何，誰肯把自己的子弟送去習藝；外行貧家的小孩，有沒有學戲的天才，是否受得了這種吃苦耐勞的考驗，這些都成問題，再經過一番甄別淘汰，去蕪存菁，所以頭二兩科以外界的子弟為多，傑出的人才也就很多。自從三科以後，才漸漸的顯得內行後代超過了外行，人數也比較頭二兩科增多，但每一科中，都有幾個「小時了了，大未必佳」的人物存在，可見古諺的「兵在精不在多」那句話，用在這戲劇科班裏又何獨不然呢。

　　第二個原因，是牛子厚雖是富甲遼東，喜連成又挑簾就紅，究屬東家遠居關外，一年之中不見得來個一次兩次，牛三爺對於葉老闆是推心置腹，非常的信任，始終連個管理會計的人都不肯派來，他越是這樣放心，偏偏遇見葉春善這個人，是寒苦出身，謹慎忠厚，處處不肯給東家妄費一文，收徒眾多，自然就食指浩繁，葉老闆是寧可濕衣，不可亂步，總防備著別讓東家多心，無形中

在經濟上就萬分撙節了。從第二科以後，換了「外館沈家」出資接辦，沈家是純粹的買賣人，做買賣講究的是唯利是圖，將本圖利，下了大網才能夠撈大魚，在錢財方面，是放開了手去做，何況他又派了一個精於算計的毛先生來做會計，葉先生到了沈家接辦富連成以後，是只管行政，不管財政，自然所有花費，都由沈東家與會計毛先生一手主持。總之，葉春善自光緒二十九年到宣統三年這八年之中，對內是遇事小心，不敢浮支濫冒。對外，是先有玉成、長春兩個科班為敵，後有鳴盛和、三樂兩個科班對壘。如同一隻孤舟在風雨中奮鬥，辛苦掙扎地辦到頭兩科，也就算是大不容易了。

頭科喜字二科連字

喜連成二科的學生，雖然也都是先後投師，陸續入學，但在大體上也可以分成三個時期。譬如老生張連福，武生何連濤、金連壽、諸連順、王連平，小生程連喜，武旦張連芬，武淨鍾連鳴、駱連翔，武丑張連寶等，這些人差不多都是在光緒三十三、三十四兩年入科，到了民國二三年間，已然學滿出科。至於在宣統元年入科的，有老生馬連良、曹連孝，青衣李連貞，武生趙連升，小生趙連成，文淨王連浦，武淨馮連恩、楊連森，花旦於連仙，武丑魏連宴，小生蕭連芳諸人。若談到了武旦方連元，花臉馬連昆，青衣高連第，小花臉高連峰之流，就又都晚了一個時期。還有武旦劉連湘、花旦于連泉兩人，原來都是在鳴盛和科班坐科，老生常連琛是在三樂科班坐科，後來這兩個科班報散，他們才先後進了喜連成。凡是帶藝進科的人，自然要比沒學過戲的學生資格好些。所以在燒香拜師寫合同的時候，應該訂立學戲的期限，便可以比較其他的莘莘學子少寫幾年。鳴盛和科班裏學而未滿再投入喜連成深造的，除了劉連湘、于連泉以外，還有三個人，就是武生郝喜倫，武淨牛喜蓬與丑角馬富祿，因為郝、牛二人身量較高，所以編入頭科喜字班。富祿身量矮小，就列入三科富字班。但是他們畢業出科的年份，卻與二科的學生不相上下。二科的學生進門最晚的，要算張連廷與郝連桐兩個武二花臉，他們入科的時候，已然改了富連成，他們兩人原名富延、富桐，因為年齡與體格的關係，才又撥到連字科裏，實際上，他們是與沈富貴、茹富蘭為同時人物，比鍾連鳴、駱連翔相差總在五六年了。所以一般喜歡聽富連成的人，要知道張連廷、郝連桐見了馬富祿都要稱他一聲師哥。郝喜倫雖是頭科的學生，但是在科班中的地位始終在王連平之下。只坐在前臺看戲不常到後臺去觀光的人，是不曉得這些個奧秘的。

　　喜連成第二科學生群中，曾經出過一個老生名叫張連福，為老伶工張紫仙之子，在初進喜連成之時，是學梆子青衣的，後來經葉春善的識拔，讓他改學皮黃老生，並且認為張連福大可繼藝名金絲紅的王喜秀之後，成為第二科的當家老生，所以為他另外題一個藝名小金絲紅，在宣統元年、二年之時，也紅過一陣子，可惜倒倉以後一蹶不振，只能以教戲終其生了！

　　第二個「小時了了」的二科弟子名喚金連壽，專學正工武生，也只紅了一陣子。十八歲出科，就到上海，未能大紅，後來聽說到蒙古一帶去唱戲，以後就不聽見什麼下文啦。

喜連成第二科連字輩全體學員合影，其中第一排右數第三人為少年時期的馬連良。

何連濤教學感師恩

　　喜連成第二科的武生，從金連壽以後，就得輪到何連濤了。何連濤是北京人，父親業商，於前清光緒二十七年生，乳名福兒。光緒末年，入喜連成習藝，因他體格魁偉，適於學靠把武生戲，從楊萬青先生學的幾齣俞派戲最為出名。如《豔陽樓》的高登，《鐵籠山》的姜維，《紅梅山》的豹子，《水簾洞》的猴兒，整唱了二十多年，始終把這些齣戲排列在大軸子，能使座客永遠不動，向來沒有「抽籤」、「起堂」的情形發生過，其藝術之佳，人緣之好，也就可以概見。他不但身量高大，腦門子也特別寬，所以勾出臉來，非常好看，所學的武淨戲，比武生戲多，因為他紮靠使大刀，比較別人乾淨利落，透著好看，而又

威武，於是許多大小武戲，都非他莫屬了。總而言之，葉春善是想把何連濤造成一個俞派的大武生，除去一出《挑滑車》的高寵他沒有學過以外，凡是當初俞菊笙晚年所常唱的戲，連濤是無所不能，這都是受益於楊萬青、韓樂卿兩位老先生的教導和葉春善老闆的提攜，所以何連濤感念師恩，出科以後，一直在母校服務了十七年之久，上臺唱戲，下臺教戲，沒有脫離，可見他們師徒的情感是多麼融洽了。

在當年輔弼金連壽、何連濤演戲的武生之中，還有殷連瑞、高連甲、諸連順、羅連雲四人，他們雖都近乎是二路武生，但各人也各有專擅的正戲，這就是葉老闆能使生徒平均發展，決不屈抑任何一個人才，這是辦科班的人一種美德。

四個人之中，以段連瑞的單挑正戲最多，他的身量不高，但是紮起靠來，並不難看。《冀州城》《長阪坡》《挑滑車》《戰宛城》這幾齣戲，都能把馬超、趙雲、高寵、張繡的忠勇深沉、各自不同的個性，一一發揮出來，刻畫入微。後來又從姚增祿先生學《別母亂箭》，再從王福壽先生（紅眼王四）學會了《對刀步戰》這兩齣戲的周遇吉，便算奠定了殷連瑞崑曲的基礎。至於短打的武戲也有不少，與何連濤配演《豔陽樓》的花逢春，堪為稱絕一時，只是打末一套的大刀雙刀，就能使人百觀不厭了。

喜連成科班學生駱連翔出科後在北平梨園公會頒發的文武淨行證書。

　　高連甲在科時代，也是以短小精悍著稱的，他與殷連瑞不同之點，就是短打戲優於靠把戲。陪著武旦張連芬打出手的機會較多，所以手裏非常準確，最後的三踢，把兩枝雙頭槍，站在原地一扔一接，十分穩妥，這就看出工夫精純來了，決不會讓刀槍靶子滿臺亂竄。他的正戲，要算《八大錘》的陸文龍最好，這是茹萊卿先生給他說的，車輪戰打四將的中間，各種舞槍耍翎子的姿勢，不使臺下看著顯出絮煩，而覺得是推陳出新，越瞧越過癮才顯得出這場戲的真價值來。此外他還跟茹先生學過一齣《蜈蚣嶺》，由駱連翔配蜈蚣道人王飛天，那也是珠聯璧合的一齣佳劇，因為這是茹老先生的一齣看家戲，很少傳給外人，同時又是短打武生的開蒙根基，頭一場走邊，手裏是蠅拂，頭上戴蓬頭，腰裏有鸞帶，並且掛著一把戒刀，一招一式，又要穩又得快，身上得漂亮，腳下要乾淨，處處都比《夜奔》的林沖難，現在武生能唱得好「夜奔」的還有幾個人，這齣《蜈蚣嶺》卻已變成冷戲了，老戲失傳固然是可惜，想到了「才難」二字，更不禁廢然而歎矣！

　　諸連順，比連端、連甲身量更矮，扮個邊配角色，足以勝任。若演正戲，總顯得尺寸不夠，然而他的一切唱、做、念、打都在水準以上。葉老闆對於徒弟一向是抱著只要是有一長可取，決不使之屈才的原則，所以連順也有幾齣正戲，像《奪太倉》的張虹、《普球山》的張耀宗之類。後來幫著方連元在各大班中露演，成為一個老資格的二路武生，總算是他在科時候受過磨煉，才有後來的成就。

喜連成連字科學員排演的新戲《封神榜》。

　　若以臺風扮相而言，羅連雲比前述的三個人要強得多，無論是長靠短打各戲，他扮出來，都夠個儒將的風度。正角的戲，有《東平府》飾董平，《生辰綱》飾楊志等幾齣戲。那時節，他正當少年翩翩，怎能不受觀眾歡迎和師長的重視呢？出科以後，曾經一度脫離富連成，遠走外埠，在各地搭班，不很得意。回到北平，二次再進富連成，葉老闆因他是羅燕臣的胞弟，追念羅先生在世替喜連成班費的心血不小，積勞病故，對於連雲是另眼看待，雖然是去而復返，仍舊重用，不存歧視。直到民國 12 年的春天，他才隨著方連元與馮連恩、諸連順同時離開了富連成，到外碼頭去搭班。

　　喜連成二科還有一個小武生，就是趙連升。他也是北平人，宣統二年他才九歲，進了科班，先從宋起山先生練武功，因為他身輕體柔，腰腿靈活，把各種大小跟斗都練習得非常之溜，一口氣能打三十多個排鏇子，短打武生以及猴子戲，可說壓到同學，所以在清末民初之際，他的《花蝴蝶》《界牌關》《四傑村》《淮安府》等戲一經貼出，便可以瘋狂了廣德樓的觀眾；尤其是他那一齣偷桃盜丹的《安天會》，每次都是派在大軸子演唱，把二科中所有的第一流武生、武淨全包括在這一個戲裏，何連濤的二郎神，羅連雲的哪吒，王連浦的天王，鍾連鳴的巨靈神，把早先名重一時的金連壽抵換了下來，可見趙連升那時的人緣是如何之好了。

徐寶芳入社教小生

　　喜連成頭科，始終沒有專攻小生的角色，雖然有一個李喜蘭，只夠二路，不過是《喜榮歸》與《荷珠配》的趙姑老爺，《雙搖會》的李相公，《盜宗卷》的張公子，這類的戲他還能應付，若論雉尾、扇子的戲，他就不堪勝任了。所以八本《三國志》的周瑜要用趙喜珍反串，便是《醉酒》的裴力士，《馬上緣》的薛丁山，也用金喜棠扮演。更兼喜蘭體弱多病，還沒滿科就因驚嚇致疾，幼而夭折，所以頭科時期，雖有好教師，但是沒有造就出一個正工的小生來。

　　喜連成頭二科，專任小生的教師是徐寶芳先生，他乃當年演小生出名的徐承翰（行五，外號徐胖子）之子，也就是琴師徐蘭沅、小生徐斌壽、旦角徐碧雲三人的父親。徐承翰在清代咸、同兩朝與名小生徐小香是同時代人物。寶芳從小入保春堂，拜張梅五為師，與蕭長華是師兄弟。他雖是子承父業，家學淵

源，也唱小生，但不大出名，因為與他同時的名小生太多了，譬如王桂官（楞仙）、陸華雲、朱素雲這些人，以外還有個青衣改行的德珺如，和一個專唱窮生的陸杏林。所以他雖然腹笥淵博，劇學豐富，也難以出人頭地。梨園界很多類似徐寶芳的這一路人，內行中受人佩服，外行中對他並不注意，當初戲班裏給徐寶芳起過一個外號，管他叫「祖師爺」，就因為他會的玩藝兒多的緣故。終其身鬱鬱不得志，在喜連成教戲以後，他就不常登臺了。

葉春善因為崇拜徐寶芳的藝術，就託蕭長華請他來到科班，專教小生。頭科班裏選不出適宜的人才，也使他感到英雄無用武之地，直等到二科學生招收了進來，他才得一展所長，教出來一個全材小生程連喜，無論文武崑亂，凡屬小生應工的戲，可以說程連喜都優而為之。既有溫文儒雅的扮相，又有甜潤圓亮的嗓音，再經徐寶芳、蕭長華、蔡榮貴、茹萊卿諸位先生的盡心教導，自然在身上與臉上的做派，腰腿和手裏的武工，都有了相當的造詣，只有一件事是與眾不同，就是他一嚮用本嗓念白，這成了富連成頭、二、三科小生的一種通病，在民國 10 年左右，北京人還有許多位說：「富連成出來的都是大嗓小生。」這個風氣直到葉盛蘭才改變了過來。

程連喜入科很早，最初是由秦腔青衣開蒙，後來經蕭長華先生把他甄別出來，改習皮黃小生，由《舉鼎觀畫》的薛蛟，《岳家莊》的岳雲學起，到了《三國志》與《取南郡》的周瑜，已是爐火純青，後來唱《得意緣》的盧昆傑，《獨佔花魁》的秦鍾，《梅玉配》的余廷梅，《奇雙會》的趙寵，把小翠花的這幾齣戲給襯托得盡善盡美，使臺下觀眾有捨此其誰之感，這是他戲劇生活的全盛時代。出科以後，未及一年，便脫離富社，散搭各大班，能維持相當的地位。民國 9 年 3 月 5 日（庚申元宵），梅蘭芳在新明大戲院新排初演《上元夫人》，內中有個仙童便是由程連喜扮演，有一場唱崑曲的走邊，很是繁重，使那些不常聽科班戲的顧客認識了富連成出來的人才，確實不同凡俗，但這也就是他的舞臺生活的迴光返照了。此後受捧角家的慫恿，棄優而仕，進了交通部做一個小職員，要說他聰明，自然是聰明極了，不過見異思遷，犧牲了七年科班的苦工，以後在舞臺上就沒有程連喜這三個字了。

喜連成科班學生在會賢堂演出堂會戲。

二科鬚生連良最良

　　馬連良乳名三賞兒，其家原居於北京西直門外，舊有「門馬家」之稱。早年北京的回族人士，都聚居於廣安門內教子胡同與牛街兩處，間或也有散住城外關廂或內城各地的，所以「門馬家」這個名詞，就是「西直門馬家」的簡稱。連良的父親名馬西園，原是小本商人，家境寒苦，曾經開過「清音桌」（請票友唱戲賣茶），因為見他族人入梨園界的不少，像武生馬春樵之流，收入雖不甚豐，卻足以養家度日，便於宣統元年舊曆二月，把個年方九歲的三賞兒送進喜連成科班學戲，先學武生，後學老生，由蕭長華先生給他起的學名，叫馬連良。蕭先生平日愛看綱鑒，喜讀三國，在所有的教師中，總算是一位喝過墨水的先生，所以從喜連成頭科起，直到七科，全體學生的學名，有十之八九都是經過他老先生給起的。興之所至，信手拈來，有的借用古人姓名，真起得響亮，譬如韓富信、唐富堯、蘇盛軾之類，也有些是靈機一動，近乎是開玩笑，像五科裏有一個唱老生的姓李，乳名大臭兒，當年蕭先生把他叫過來，問他叫什麼名字，他說我叫大臭兒，蕭先生說：挺好的一個孩子，為什麼要叫臭兒呢？來吧，我給你起一學名叫李世香得啦。後來這個孩子出科以後，散搭各班，應二路老生，很受內外的重視，可以與李世章、曹世嘉較一日之短長。可見蕭先生給學生們起名字大致如此，至於馬連良這三個字，也就是取「馬氏五常，白眉

最良」的意思。

　　馬連良由幼小時候就有出息，喜歡乾淨，扮戲講究細膩。喜連成後臺經常雇用一個剃頭的，專為唱花臉行剃「月亮門」用的，馬連良常讓他給剃眉毛，為的是扮戲時弔起眉毛來，再用油黑一畫，可以免得看出原來的兩個眉毛尖來。這一天中軸武戲《普球山》，他扮蔡慶的老蒼頭，剃完眉毛，用粉眉一畫，一點黑眉毛都看不出來，讓蕭先生瞧見了，就給他起了這個學名，果然二十年之後，二科的學生就以他為最「良」了。

出科後的馬連良在上海天蟾大舞臺演出《假金牌》。

　　馬連良進科班之時，這時小金絲紅（張連福）已然紅了起來，當然輪不到他唱正戲，及至連福倒倉，又逢到小連卿、劉榮升、五齡童（即王文源）、高百歲諸人搭班演唱，使他一直在邊配角色中度過。到了臨要出科的前一兩年，才唱到正戲，別人在科都是七年，唯有他坐科將近十年，到了民國6年舊曆二月初九日，才正式謝師出科，出科後不到半年，便應福建省城戲園的邀約，向科班中暫時告假，到福州去演唱，期間整整的一年，到了民國7年的中秋節近才束裝返京。民國7年舊曆八月二十七日，是他回富連成銷假第一天在廣和樓登臺的日子。那天葉老闆派他唱大軸子，與茹富蘭合演《八大錘》，這也可以說是馬連良成名立業開始的日子。以後才再從蕭長華、蔡榮貴兩位先生，學會了《胭脂褶》《白蟒臺》《罵王朗》《三字經》等這些齣戲。馬連良成名為一派

宗主，也算是他在科的時候肯於努力奮鬥，出了科以後，遇到了愛徒如子的葉老闆予以優異的提攜，再經蕭、蔡二位先生悉心的教導，才有後來的成就。可見「師傅領進門，修行在個人」這句話是永遠不錯的。

出科後的馬連良在上海天蟾大舞臺演出《楚宮恨》。

李連貞，字惠卿，原籍是河北省冀縣人，生於清光緒二十七年，年甫三歲，就遭到喪母的厄運，跟隨他父親李榮貴來到北京，住在崇文門外東茶食胡同，他父親雖然在哈德門開設一座小銅器鋪，究屬小本營業，不能供給他上學念書，在宣統二年，就託人把他送進喜連成，編入二科連字班學戲，那時他才九歲。老教授蘇雨卿先生因見他相貌端莊，小嗓兒清越，便把他招了過來，教他學習青衣正旦的戲。出臺以後，因他扮相秀麗，唱白剛勁，與劉榮升、五齡童、高百歲諸人配戲，適逢梅蘭芳、律喜雲兩人均因倒倉不能上場，所有同老生唱的對兒戲，都由連貞接替，而他的扮相又比梅、律兩人顯得水靈，自然容易受人歡迎。出科後始終未離富社，仍在科效力，雖然民國八、九年，搭過梅蘭芳的喜群社，那也是得過葉老闆的特許，到民國 8 年冬天梅氏去漢口、南通，9年夏天到上海，出演於天蟾舞臺，又赴香港演於太平戲院，都有李連貞隨行，總算是富社學生中幫角出外遠走各埠的最早一人。可惜他好景不長，迭遇惡劣的環境，更兼中年喪妻，愈見境況不佳，精神上的刺激最易促人壽命，到了民

國21年春天，只三十一二歲，便因肺病與世長辭了。

小翠花乃是插班生

于連泉，是光緒二十六年生的，他的藝名便是大名鼎鼎的小翠花，原籍山東省登州府，寄籍在直隸省冀州府衡水縣，他的出生地卻在北京。因為他父親于海泉當年充當都察院北城防總甲，就等於是現在刑警隊裏的一個地區巡官相仿。他母親姓張，生了二子一女，長子于永立，次子便是連泉，女兒後來嫁給斌慶社頭科的花旦計斌慧（藝名小桂花，後來改名計豔芬）。

于連泉（小翠花）在《四郎探母》中飾鐵鏡公主

于連泉扮相好，身段苗條，眼睛大而秀美，雙目似會說話。雖然嗓音欠佳，但他的唱、念功力深厚，又打遠又響堂，字字能送到最後一排的耳朵裏。他做功細膩，蹻功已臻化境，一舉一動，皆具法度。于連泉擅演《坐樓殺惜》《戰宛城》等花旦刺殺戲，面帶兇狠煞氣，自成一派。他的《拾玉鐲》《鐵弓緣》《貴妃醉酒》等戲別具風格。

宣統初年，國喪禁演功令方弛，喜連成科班有一段掙扎奮鬥的艱困情形，原來田際雲辦的「玉成」與陸華雲辦的「長春」兩個科班，還在同喜連成鼎峙之際，這期間又出來了兩個新興的科班，第一是「三樂」，乃清宮權閹李連英的侄兒李際良所主辦，聘請梆子名鬚生藝名老十三紅的孫佩亭為老闆，學生中出名的有老生趙鳴鳳、韋三奎，旦角有尚三錫（小雲）、白牡丹（荀慧生），武

生王三黑、李三星，武花臉劉鳳奎、沈三玉諸人，這一班人相當整齊，後來居上，是喜連成的一個勁敵。

第二個便是「鳴盛和」科班，這是由藝名老水仙花的郭際湘主持，郭際湘也是楊隆壽的徒弟，與葉春喜是師兄弟。他那個科班裏也出來了不少人才，像老生李鳴玉、張鳴才兩人，後來成為高慶奎的左輔右弼。這科班的頭科學生中，還有個唱二路武生的叫郝鳴福，他是前清著名打鼓佬郝春年的孫子，他父親名郝玉昆，擅長打小鑼，他叔父叫郝玉書，專打大鑼。郝氏父子在清末梨園音樂科很有地位，內行中尊稱郝春年為郝六先生。光緒年間供奉內廷，光緒皇帝曾從郝六學過打鼓，賞過他御筆「郝春年」三個字，這張字條在郝家是寶而懸之，一直保存到民國二十幾年，我到郝家還看見過。後來他因年紀衰邁，時常誤差，慈禧皇太后查問下來，由內監回，說郝春年耳聾眼花，老病疲廢，所以有時誤差。太后非但不加見罪，反而將他傳見，隔簾垂詢，問他年歲與家庭瑣事很詳，憐他年老，特旨准他自由當差，不受拘束，並許他死後御賜壽材一口。不料西太后卻先他逝世，後來清室遜位，改成民國，這具壽材也沒有地方去領，成為民初梨園內的一個談笑資料了。郝鳴福就是西太后國喪前後進的鳴盛和，到了民國元年鳴盛和報散，他再投入喜連成深造，乃是喜連成場面主任唐宗成先生所介紹。因為他身量高，年紀大（他是光緒二十四年生人，那時已十五歲了），葉老闆將他列入頭科，改名為郝喜倫。郝喜倫出科以後，仍留社服務，最初他幫著武旦劉連湘打出手，其後即充任助教，擔任晨工，幫宋起山、費順成兩位教授為三科各生操練武功。到了民國 10 年以後，才升任後臺武管事，後又由武管事升任為武戲教師，終身未離富社，直到民國 28 年，因積勞病故，年僅四十二歲，亦二科時代武生行中一雋才也。

于連泉之兄于永利，亦鳴盛和頭科學生，習武二花，宣統元年，將其弟帶入該科班二科習藝，命名盛琴，藝名小牡丹花。其後鳴盛和報散，乃投入喜連成二科，改名于連泉，又將藝名改為小翠花，因鳴盛和老闆郭際湘是小榮椿科班的唯一花旦，兼擅梆黃，小翠花入科，得郭之開蒙，所謂取法乎上，因而他的成就也就異乎尋常，只以蹻工一項而言，從小時候便可獨步一時，現在講起來，簡直是空前絕後了。

小翠花幼時練蹻，用功極苦，這種苦工，並非他個人是如此，凡是科班出身的花旦、武旦，都要經過這種訓練，不過成績如何，就要看個人的天分和努力的程度了。差不多都是兩腳綁上雙蹻，由朝至暮不許鬆懈，在平地上練到步

履如恒了，就要進一步做「站三腳」的功課，「三腳」是一條二尺多高三條腿長凳的名稱，生徒綁蹻，站在這窄板凳上，要挺腰直立，不倚不斜，少者幾分鐘，長者二三十分鐘，居高臨下，小孩子腳腕無力，真能站哭了。小翠花不但站三腳沒出過錯兒，到了冬天，他還能綁好了蹻，在冰地上跑圓場，這類的工夫，就是後輩唱花旦的所學不到的了。

小翠花除身材亭亭玉立，嫋娜多姿，足以冠絕一時之外，其一對媚眼，亦堪稱為時下無雙。非僅眉挑目語，可以迷陽城而惑下蔡，即隨便一顧盼流波，均足使臺下觀眾意蕩神馳。只可惜他的嗓音沙啞，適於扮演少婦，而不宜於小姑娘戲。他的拿手戲，要算《雙鈴記》的趙玉兒，《雙釘記》的白金蓮，《醉酒》的楊妃與《戰宛城》的鄧氏。尤其是和馬連良合奏《烏龍院》，可謂雙絕，到了「一言怒惱宋公明」以後，當初都是老生一個人唱，旦角毫無表情，未免顯得場子枯寂無味，連泉在這點地方，每一句唱之後，都加上一句道白，直到了老生唱「……父母堂前不孝」句，連泉念「那就該把你天打雷劈」，口吻的尖刻，語言的潑辣，再加上他臉上的態度與眉目的傳神，活畫出一個潑悍的少婦與丈夫口角的神情來，造成了這一場的最高潮，要說是馬丁二人把這個戲給唱活了，那他們兩個可算是當之無愧的了。

喜連成連字科出科的全體學員與葉春善的合影。

　　喜連成的二科，有三個武旦，都是以「打出手」享名一時的。最初是張連芬，其次是方連元和後來居上的劉連湘。連芬是北京人，號叫竹君，扮相姣好，身材苗條，打起「出手」來，傳遞倰倰，百無一失，實在是個傑出雋材。只是紮靠戲太少，不過他唱《盜庫》與《水門》的青蛇，《搖錢樹》的張四姐，《青石山》的九尾狐等這一類鬧妖戲，在他們的師兄弟中是無與倫比的。

　　方連元原籍是江蘇丹徒縣人，乃崑腔小生方春仙之子，他的母親陳氏，是四喜班名旦陳桐仙（時小福之徒）之女。連元生於光緒二十八年，乳名奎兒，號叫蟄卿，因為行三，在科的時候，都叫他方三兒，其實這並不是他的小名。因為他是梨園世家，所以沒入科班以前，便在家中學會了竄縱翻撲各項跟斗，入科時，張連芬已然能演正戲，連元便常屈居副座，但是有幾齣潑悍的武旦戲，葉老闆因看連芬不對工，就派連元學習，譬如《演火棍》的楊排風，《東昌府》的郝素玉，《百草山》的王大娘，《五彩車》的馮連芳之類，這都是別人所替不下來的活。後來出了科，又從丁連升先生學會了《竹林計》的劉金定，從蕭長華先生學會了《英傑烈》的陳秀英，二本《南界關》（一名《戰壽春》）裏劉仁瞻正室徐夫人等角。直等到張連芬脫離了富連成，他才動「打出手」的戲，但是論起成就來，他比張連芬便顯得強多了。

　　劉連湘，北京人，與方連元同庚，入喜連成之時期，亦僅遲於連元約半年，因他原在鳴盛和坐科，對於武旦藝技練有根底，再轉入喜社，經過一番深造，所以凡是武旦應當擅長的藝術與戲劇，可以說是均優為之。可惜他扮相不佳，難與張連芬、方連元兩人相頡頏，但是喜愛藝術的觀眾確也不少。向例連湘常演前三出之武戲，每天總有些顧客，專為看劉連湘打出手，而很早便到廣和樓。可見民國初年，北京聽戲，著重玩藝兒的好壞，而不在乎扮相的醜俊，還大有人在呢。

　　綜上所談的鳴盛和幾個優秀人才，便可看出當年郭際湘辦這個科班，也是全力以赴，要與玉成、長春、喜連成、三樂四家來爭鼎奪霸，其雄心抱負不小。所惜他後勁不佳，終於報散，坐著看許多有出息的門徒投入了別人的懷抱。到了民國四五年間，王瑤卿、王蕙芳在廣德樓、第一舞臺等處唱《梅玉配》，還臨時約他加入扮演劇中的黃婆子。到了民國 8 年冬，余叔岩在香廠新民戲院初挑大樑，郭伶在倒第三唱《醉酒》，已經不能與他的高足小翠花爭衡了。民國 27 年，他在濟南窘困以終，活了六十多歲，老運不佳，實在可歎！在光宣之世，他獨力支持鳴盛和，掌握著幾個優秀學生，與喜連成分庭抗禮，誰又能想

到三十年之後，有偌大的變化呢。於此也就看出葉春善在成立了喜連成之後，應付這八年的風雨，強敵環伺，宛如孤舟飄渡，是如何的困難了。

喜連成二科淨行，在文的方面，第一就是王連浦，藝名小金鐘，乳名叫小黑。他入科學戲，是與張連福為同時人物。嗓子好的時期，專唱銅錘，民初倒倉，一度改唱老生，類如《御碑亭》的王有道，《八大錘》的王佐，《群英會》的魯肅，這個時期，就是張連福倒倉輟演、馬連良還沒接上去的一個青黃不接的時代。

到了馬連良足以獨當一面的時候，王連浦又改回花臉，除了《二進宮》《斷太后》仍歸他唱之外，架子花臉的戲也很不少，二科排八本《三俠五義》他的盧方，八本《五彩輿》他扮海寇，都是極受歡迎的角色。他的特點是花臉行扮出來有個乾淨漂亮的勁兒，無論是臉譜身段，處處都使人看了舒服，可惜他在民國 15 年（丙寅臘月二十日），僅僅二十七歲便夭壽而逝。若他後來還在，馬連良自己組班，就不會用馬連昆、劉連榮了！

第八章　從喜連成到富連成

馬連昆三齣絕活戲

　　二科文淨除王連浦外，尚有一馬連昆，亦曾以黑頭戲享名，與小金鐘成為一時瑜亮。假使宣統末年喜連成無此兩人繼起，則銅錘戲即將中斷。連昆乃北京回族人，和馬連良同姓不宗，他家上輩均在運河糧船做事。連昆從小便喜皮黃，到了宣統二年，經馬連良之父馬西園介紹，進了喜連成學戲，經過了幾個月的熟練，到了宣統三年三月二十日，才正式寫字拜師。由銅錘花臉開蒙，倒倉時尚未滿科，乃改習架子兼演武二花臉，嗓門豁亮，倒了倉都沒什麼沙音，這是一個奇蹟。平生有三齣戲稱為絕活，即《法門寺》的劉彪，《四進士》的姚廷春，與《甘露寺》的孫權。不但觀眾稱讚，即使內行中人也都對他稱許有加，馬連良初起組班時，也用過他一個時期，只是他性情怪僻，口角尖刻，是一生的缺點，也是得罪人而耽誤自己前途的一個主因。

　　平津兩地後臺的管事人提起他來，沒有不頭痛的，但能不用他，誰去招惹他。可是有些名角願意找他來配戲，那些經勵科又需要捏著鼻子去登門拜請。好比民國 26 年舊曆正月，金少山初返北平，在長安、華樂戲院露演，指名要請馬連昆在《白良關》這齣戲裏唱小黑兒，因為他能夠跟金少山對唱。在那時金霸王的嗓子正是黃鐘大呂、一鳴驚人的時候，然而馬連昆對他並不怯陣，還要抖起丹田來與他較個短長，這種精神確實少有。後來終因脾氣不好，各班不敢延用，使這一代奇才抑鬱以終，他是民國 33 年 10 月 16 日（即甲申年八月三十日）病故，時年四十六歲。二科架子花臉尚有蘇連漢、鍾連鳴，老生有曹連孝，武生有駱連翔、王連平，小生蕭連芳，花旦於連仙，武淨劉連榮、張連

廷，丑角高連峰等，連字科共計六十餘人。

以上為馬連昆唯一的兩張劇裝照，翻拍自舊報紙質量欠佳，但有史料價值。左為何戲不詳，右為《群英會》飾黃蓋。

宣統末年梨園厄運

在宣統元二三年，喜連成科班頭二兩科人才鼎盛，按說用自己的學生足可以支撐得住，但葉老闆還是抱著普遍教育心理，對於招納來搭班學藝的梨園子弟，依然是儘量收容。這個政策，直到喜連成改為富連成的民國初年，他也沒有放棄。可見葉老闆之宅心仁厚，始終以「得天下英才而教育之」為己任，是多麼值得懷念而令人佩服的了。

這一個期間，搭班的林樹森、周信芳兩人已都先後脫離，沒走的還有梅蘭芳與小穆子，連同後加入的貫大元唱鬚生，還有曹小鳳唱崑旦，姚佩蘭唱花旦。後來陸華雲的長春科班報散，他那裡二科的學生李春林也投入了喜連成搭班，專唱二路老生，給貫大元配戲。此人就是後來梅蘭芳承華社的後臺總管事李八爺。他把梅派戲裝滿了一肚子，坤伶陸素娟與小名旦李世芳都很倚重他，請他做後臺的「大管事」，這是後話。

在清末民初，秦腔未衰，那時還有部分觀眾愛聽梆子。喜連成順應潮流，每天前三齣是梆子戲，除用自己學生串演，另外收的梆子搭班學生也很不少。像花旦小靈芝、小十三旦、水上飄，老生葫蘆紅，青衣小桂元，武老生明娃娃

（後改武生更名裴雲亭）諸人，這都是梆子角色。

　　喜連成這時常駐的戲園是大柵欄廣德樓，但有時也分包去西單牌樓的春仙茶園和東安市場的丹桂茶園兩處演唱。從此北平內外兩城喜歡聽戲的人，對這個喜連成科班總算都有了認識，營業日漸發達，牛子厚在吉林坐享其成，不但把二百兩銀了的成本撈回，每年算下賬來，紅利也很不少。不料好景不長，彩雲易散，宣統三年，辛亥武昌起義，肇建民國，北京人心惶惶，梨園行自然也就連帶著遭到了停演的厄運。

時局趨勢引進坤角

　　喜連成在宣統二年上半年靠蕭長華先生排了一齣《梅玉配》享譽一時，營業相當發達，但是這年從春天汪精衛謀刺攝政王起，一直在人心慌亂中渡過，誰還有心流連歌場，所以到了後半年便漸感不支。葉春善老闆看出了時局的趨勢，覺得不能再倚著本班的學生與搭班的子弟來撐挽危局，於是毅然決定招收幾位坤伶來增強陣容號召觀眾，也算得是煞費苦心了。

一度與喜連成學員合作演出的著名坤角劉玉環（左）與梁春樓（右）。

最初參加喜連成搭班的坤角，有小靈芝、小飛英、孫月秋、金鳳仙，以及武生于紫雲、于紫霞姊妹。這幾個人除了于紫雲是唱武生的，與頭二兩科學生專演中軸武戲之外，其餘的人，都是以秦腔梆子、青衣花旦擅長，其時聽戲的人都喜愛聽坤角，但是這些唱梆子的角色，又不能迎合觀眾的口味，於是又有二黃老生小翠喜與明月英兩人加入。明月英是由上海來北京搭進喜連成，同時還帶進她的一個幼弟來，藝名九齡童，專唱娃娃生，這就是後來馳名上海的文武老生趙松樵。明月英除老生外，還兼演老旦戲，後來她拿出來一齣私房的本戲，交給蕭長華先生替她排演，這就是《宦海潮》。

葉春善把喜連成科班看做是自己的產業一樣，盡全力以經營，視生徒若子女，也是不遺餘力地愛護。自國喪以後，二次出臺廣德樓，所排的新戲，自然不只《梅玉配》與《宦海潮》這兩齣戲，約進的生角，也不僅明月英和余紫雲幾個坤角。在努力奮鬥之下，長春、鳴盛和兩個科班已感到漸非其敵，田際雲的玉成科班也改成了小吉祥科班，全比不上喜連成總以老戲重排或別出心裁，可以贏得多數觀眾的讚賞和推崇，至於那很有希望的三樂科班，這時正因為東家李際良是個外行，耳軟心活，聽信人言，對於負責人孫佩亭有些疑心，以致孫佩亭憤而離去，使這科班陷於群龍無首，而逐漸衰微下來。因此到了宣統三年，中秋節近，那時北京科班已成了喜連成的天下，其他各科班都可以說是「莫之與京」了。喜連成自成立以來，經過了八年的風雨，到此總算將要抵達彼岸了，誰知忽又起了軒然大波，竟成為驚濤駭浪，若非葉老闆掌得住舵，這一葉孤舟早已傾覆，還哪裏來的以後三十多年光榮的歷史。

原來宣統三年八月，武昌起義，締建民國，北京城內進入了戰時狀態，人心浮動，市面蕭條，喜連成便也隨著各大班停鑼息鼓，閉門排戲，休息了一個時期。科班與大班不同之點，就是不開鑼也照樣得開支，所幸為時不久，清帝退位，民國成立，一般的戲班都指望著轉過年來新正月做幾天好買賣，也好填補虧空。沒想到壬子年（民國元年）舊曆正月十一日，曹錕先在天津兵變，正月十二日是北京兵變，正月十三日是保定兵變，在這三處焚燒搶掠，暫時就沒有太平日子過了。

京師兵變影響市面

北京兵變當時的情形，是陰曆正月十二這天，正是民國元年 2 月 28 日，距袁世凱就任總統僅僅十七天，當日清晨，北京有些消息靈通的商人，早接到

了天津的電話，說是昨天夜裏天津兵變，燒殺搶掠，各租界也都拉上了鐵門戒嚴。北京人聽到這個消息，更加人心惶惶，彷彿覺到北京的駐軍也有些不穩。有錢的人家走得最快，紛紛搬到東交民巷六國飯店去開房間，屋少人多，據說連飯廳裏都擁滿了。後至者無法插足，便又擁到法國醫院、德國醫院去掛號裝病。後來連使館界以外的滙豐大樓、德國飯店、北京飯店都住滿了人。熙熙攘攘的鬧了一天，到了黃昏時候，城門緊閉，路靜人稀，天剛一黑，便聽到了東北角上一聲槍響，接著槍聲大作，叛軍亂竄，整整鬧了一宿。第二天才知道南北城的當鋪被搶了有許多家。至於住戶的損害，雖然不似庚子年八國聯軍進北京那樣慌亂，可是這一場虛驚卻也不小。

在北京兵變之前，喜連成科班因為新年正月，每天有戲，所有學生都照平常一樣，在學堂內住宿。正月十二這天，營業壞，上了不夠半堂座兒，葉老闆以及各位教師都是每日專心致意在於戲碼的編排和營業的發展，根本不知道有昨夜天津兵變的事。等到開鑼以後，才發覺上座奇慘，到了下午三四點鐘，中軸武戲演完，還是上不進客來，葉老闆心裏明白，這必然另有緣故，否則新年剛過，眼看就到燈節，怎會沒有人聽戲呢？這時經勵科頭目人靳四走進了後臺，來到賬桌前邊，向葉老闆耳邊，低低的把外面傳說的情形以及市面上慌亂的狀況，一一說明。葉老闆這才恍然大悟，知道今天的座兒一直賣不好，原來如此。當時首先關照文武行管事的人，把應演的各劇盡量裁減，一律「馬前」。接著又與蕭長華、蔡榮貴、蘇雨卿幾位商議，依照葉老闆的意見，是提前打住了戲，把所有生徒由各教師分別送他們各自歸家，通知其家屬領回，以免孩子們受驚，家長擔心。

蕭先生說：這兩個辦法全辦不到，一則學生年齡長幼不齊，住處遠近不等，若一一送回，耗時費事，恐怕送到半夜也送不完，至於通知家屬，更不易周到，但能送信通知，則可以把學生送回，無須家長再來接領。為了妥善起見，還是等散了戲，一律都帶回後鐵廠，有那知道了消息的家長來領學生，自然可以交他們自行帶回，其餘留校的學生當然由科班負責，不必慌亂，聽其自然最為上策。葉老闆聽蕭先生的見解很對，當時決定。等大軸武戲上場之後，盡快結束終場，葉老闆又把管箱的頭目人韓文成找了來，命他把所有衣箱、盔頭，一概監督收存上鎖，派人經營。各學生卸了戲裝，仍由宋起山、蘇雨卿兩位教師，把他們排成大隊，領回後鐵廠照常用飯、留宿。到了槍聲一起，將大門緊閉，

各位教師分別負責與各學生們做伴，葉老闆與蕭、蘇、宋、蔡四位老師，輪流前後查看，曉諭學生們不要驚恐，安心靜坐，雖然四處槍聲比大年除夕的鞭炮還顯得稠密，喜連成科班裏的師生就在這鎮靜中平安度過。

經過了這通宵的烽火，次日黎明，亂軍斬關落鎖，竄出城外，分據郊區，等候安撫。城中的地痞土匪本想乘機蠢動，幸虧當時的警察總監吳炳湘與步軍統領王懷慶派出保安警察隊與提署馬隊，出來維持治安，這才逐漸恢復秩序。到了午飯時間，僻街深巷已有了小販叫賣聲音。葉老闆見大局粗定，變亂無虞，便派遣夥計，先把距離較近的學生送回家去，以後又陸繼把其餘的學生也都先後送返。從此科班中的事務以及營業全都陷於停頓。無論什麼生財的買賣，就怕停歇休業，喜連成雖把學生全都送回家去，可以減輕一部分開支，但是各位教師們的日常戲份、月規薪金，連同箱行管事、眾夥計們的伙食工資，還得照舊支付。平素賺的錢早都匯回吉林，向無積蓄，現在又有出無進，自然感到拮据，幸賴蔡榮貴、蕭長華幾位能夠拉攏周轉，雖是借貸度日，總算是渡過了難關。等到了夏曆四月初旬，市面安靜，這才召回學生，從新練功排戲，分別在廣德樓、丹桂園等處露演，當時是兵燹甫平，人心稍定，又兼端陽節近，各業蕭條，每日所得僅能維持開銷，當然沒有餘力清還積欠。葉老闆只好寫信，把近況報告東家牛子厚。

牛葉會商改組科班

過了端午節，牛三爺從吉林來到北京，看了看科班的情形，問了問債務的數目，談了談以後的辦法，結果是一聲長歎，兩手空空。原來吉林牛家已然是今非昔比，東三省自從宣統初年，已覺市面不靖，到了清末民初，更是馬賊橫行，鬍匪遍野，鄉鎮財主不敢到城市來買貨，因之百業凋敝。牛家是以商起家，平日奢侈已成習慣，一旦收入銳減，卻難以開源節流，現在喜連成負債難償，所以牛子厚也一籌莫展。這一天晚飯以後，牛子厚來到北柳巷，夜訪葉春善，兩人賓主多年，意氣融洽，共坐院中，互傾肺腑，這才談到了喜連成科班改組的問題。

牛子厚說：「這個科班，雖然是由我提議發起，但是開基創業，慘淡經營，以及發揚光大至如今，這八年的工夫，你老兄心血確實費了不少。可惜連遭波折，屢逢坎坷，我又因遠處關外，家事牽連，不能常駐此間，幫助你料理，更

兼近幾年來營業不佳，尤需親自主持，我無法分身份神再顧到這個科班。現在我欲求兩全，只有把這個事業完全奉送給你，以後營業盈虧，我概不過問，只求你本著以往的一貫精神，繼續努力，把這個科班培養得茁壯起來，就算無負當年你我創始這一番本意了。」葉春善聽完了牛東家這一番推心置腹的陳辭，心裏非常感動，對於他把科班送給自己這一提議，卻是謙遜不敢接受，不過比較為難的是現在科班本身負有債務，如果仍由牛東家接著維持，必須增加資本，這一筆不大不小的數目決非現在的牛東家所能擔負。若是藉此區區虧空便把這個科班無條件接收下來，憑良心，講道義，都對不起當初牛東家栽植自己的一片好心，再三考慮，十分躊躇，經過了很長的時間，也不敢應承，只說：「這件事容我再詳加考慮，想一個完善的解決辦法，我看還是從長計議吧。」二人又談了一些別的閒話，牛子厚才告辭而去。

　　次日天明，葉春善回到科班，只見一班學生們練功的練功，調嗓的調嗓，不覺搖頭歎息，心想：你們現在用功，也許在三五個月以後，便要把科班解散，變賣行頭，償還債務，到那時，豈非半途而廢，又得另圖他業嗎。想到此處，一陣心酸，幾乎落下淚來。以喜連成這八年來的榮譽，和葉老闆個人的能力，再配合上幾位優良教師的輔佐，接辦這個科班，償還區區的外債，那本是毫無問題的，但葉老闆之為人，決不肯這樣無條件地把一番既成事業接收過來，免得使旁人說葉家把牛家的產業圖謀過來了。

　　為了上述的原因，葉老闆便愁鎖雙眉，踱進屋裏，正趕上蘇雨卿先生給幾個學青衣的學生吊嗓子。葉春善坐在一旁，看著他們一個一個的都唱完了，便說：「你們先出去，我跟蘇先生有話說。」學生們遵命，退到屋外，葉老闆便把牛東家咋夜所談，一一告訴了蘇先生，並且堅決表示，寧可售賣行頭還債，也不肯接受東家這番厚意。蘇雨卿與葉老闆相交多年，又是同盟結義，對於他的人品性格瞭解得最清楚，聽完了這番話，半晌未言，心中盤算，如果依照他解散科班的辦法，不僅一百多個學生的學業中輟，還有連帶著失業的教師、箱行、管事、雜役等，又何止數十人之多。況且這個科班成立了八年，大家這點心血精神實在無法估計，為山九仞，功虧一簣，棄之更覺可惜，但牛東家話既出口，也一定是決無挽回的餘地，在這左右為難之中，唯有找出一個肯於出資接辦的人，才能打破這個僵局。蘇雨卿就這樣閉目深思，獨自沉吟，忽然靈機一動，想起了一個人來，頓時化憂為喜，便對葉春善說：「牛東家已然決意放

棄這番事業，一心情願把科班送給了你，你又顧慮到人言可畏，不肯接受，如果現在有人拿出錢來，頂讓這份戲箱，使牛東家可以收回一部分本利，不至於白白的犧牲了產權，而新業主又可以代我們償清債務，添進資本，那時候你是不是還肯繼續負責，維持這個科班泥？」葉老闆說：「果然能夠這樣，我又何樂而不為呢，但是這個拿錢的人哪裏去找，二哥這種說法，莫非你心目中就有這樣的一個人嗎？」

蘇先生一面收拾起胡琴，一面點頭說：「有倒是有，只是我得去問一問他，現在這樣兵荒馬亂的年月，他肯不肯出資接辦。」葉老闆說：「既然有人，請二哥先把他的姓名說出，我們大家也好先自斟酌一番呢。」蘇先生說：「此人早已向我談過多次，想辦一個科班，如今有了這個機會，我必須親自出城，找他去詳談，他肯不肯辦，雖沒有十分把握，但是他若願意接辦，錢財一層，那是毫無問題的，我保險是一定如願，牛東家受不了任何損失。」葉老闆想了一想說：「你說的這個人，莫非就是外館的沈家？」蘇先生說：「以現在而論，除去了他，還有誰呢！」

牛去沈繼改喜為富

蘇雨卿當下離了喜連成學堂，雇車出城見了沈玉亭，先將來意說明，沈玉亭一面命人預備酒饌招待，一面與蘇先生談了談接辦的手續，在原則上沈家算是同意了，關於一切倒箱底，清舊債，以及增加資本等項，也都研究了一個大概。時間已是下午四點多鐘，蘇先生還得趕城門進城，由沈玉亭派家中自用轎車送他回去。蘇先生到了家裏，已是萬家燈火，連晚飯都沒顧得吃，就先去葉老闆家中，把接洽的情形報告完畢，就在葉家隨便用餐，兩人又繼續詳談，將近午夜，才各自分手。

第二天，葉老闆起了個大早便到大安瀾崔宅，去見牛子厚，將蘇雨卿介紹外館沈玉亭出資接辦科班的事，詳說了一遍。牛子厚說道：「我原意是想把這個科班贈送給你，以酬勞你多年的辛苦。至於本錢方面，我早就賺回來了，而且每年你往吉林匯的銀子，不在少數，我還有何求。難為你與蘇先生兩位還怕我吃虧，不但給科班找到了有錢的財東，增資還債。另外又替我打算，這樣忠心高義，可以說是無以覆加了。我這個朋友總算是沒有白交。以後關於出讓喜連成的事，我就委託給你們二位全權辦理，不必再徵詢我意見，你們說應該怎麼辦就怎樣辦好了。」

富連成班主沈玉亭

沈玉亭是沈玉崑之弟，玉崑病故後，接掌富連成東家。他喜愛文學，時常參與戲劇創作。1934 年，沈玉亭經營的萬榮祥銀號被經理囊括存款潛逃，以至銀號倒閉，涉訟破產。隨後遷居西直門內黑塔寺胡同二十四號。最終，退出了富連成。

　　葉春善說：「既是東家這樣信賴我們兄弟，自當盡心辦理，就無需您再勞神了。」牛子厚說：「還有一件事情，你必須要答應了我。」葉春善一怔說：「什麼事呢？」牛子厚很鄭重地說：「我原想把科班的全份財產都送給你，但是你不肯收受，既然已經有人接辦，那前鐵廠這所房子，我是全部贈送給你，不必使新業主再出錢置買，至於是否仍歸科班使用，抑或每月你收不收房租，那是你與新東家的關係，就與我無干了。這一件事，你就不可再推辭了。」葉春善還想謙讓，已被牛子厚擺手攔住，只好說了句「這件事我們隨後再談吧」，便辭了出來。回到學堂，又和蘇雨卿、蕭長華兩位計議了一番。過了幾天，蘇先生在兩方奔走，一切大體都已解決，便由葉春善出名具帖，柬邀牛子厚、沈玉亭兩位，在取燈胡同同興堂飯莊設宴給新舊兩位東家介紹見面。並約蔡榮貴、蘇雨卿、蕭長華、羅燕臣、宋起山諸位教師，與場面頭兒唐宗成、箱頭韓文成、經勵科張廣瑛諸人作陪。因為喜連成的領班人靳四已於這年夏天病故，就由他的大徒弟張廣瑛繼任。這一餐飯吃的是賓主盡歡，到了飯後，就由葉老闆主持簽訂合同，成立了轉讓的契約。除了科班的字號，由沈玉亭提議，把「喜」字改成了「富」字以外，其餘一切，全都照舊。牛子厚當著沈玉亭的面，重申

前議，說明把現在用為學堂的前鐵廠那所房子，讓給葉老闆為業，以酬勞他這八年的辛苦，從身上將房契掏出，遞了過去。葉老闆還不肯接受，倒是沈玉亭從旁贊助，這才使葉老闆收了下來。

自從這次宴會以後，喜連成就改稱為富連成。第二天，蘇雨卿又跑了一趟外館，從沈家把應付牛子厚的款項攜回，會同葉春善兩人賷送到崔宅面交給牛東家，這算是牛沈兩家交代完竣。就在這往返交涉，互相商酌的時期，科班裏雖是照常排戲練功，但對外營業，因為結束帳目的關係，不得不停演一個時期。廣德樓的股東，不能任其戲園常久空閒，便由股東之一的武生俞振庭，重組雙慶社在廣德樓經常演出。

富連成科班，既由外館沈家接辦，這年舊曆七月十三日，便在同興堂舉行祭神典禮。照例梨園行祭神的日期，是陰曆三月十八日，唯有民國元年，富連成因為換東家，改字號，所以在一年裏祭了兩次神，從此喜連成科班便改稱為富連成，第三科便排行為「富」字科了。

第九章　富連成的白話訓詞

　　喜連成科班易主，新東家稱為外館沈家，這「外館」是北京安定門外的一個地名，此處距離安定門關廂不過數里，在這地方居住的人家，大半都是專做蒙古人的生意。清朝自從順治入關定鼎以來，一向是以懷柔政策，籠絡遠人，所以在八家鐵帽子王近支王公之外，對於內外蒙古各部落首領，也都封王襲爵，人民也分八旗，實行滿蒙一家，同等待遇，到了乾隆先後征平準噶爾與廓爾喀，更是聲威大震，四夷賓服，蒙古王公經年入京朝貢，因為言語不通，嗜欲不同，各王公到了北京城郊，外館的地方便成了一個招待站。外館的商民以嚮導的姿態，向蒙古人來往銀錢，交易貨物，已成了多年的習慣。

　　沈家為外館土著，世代以經營這種生意為業，因為蒙古王公進京朝貢，隨身攜帶銀錢不多，倒是貨物卻來了不少，譬如口蘑、參茸以及皮貨等項，可以說是吃穿使用樣樣俱全，他們到了外館一住，便把這些東西交給沈家覓人銷售，變成銀錢，再帶進城裏花用，等到走的時候，仍然要在外館住上一個時期，置辦些北京的土產帶回去，所有購買物品，都須沈家經手代辦，而且代墊款項。蒙古王公們臨走的時候，還許再帶一點路費盤川，所有這一筆款子，照例由沈家記一筆賬，王公們只是留下一個地址住處便告辭而去。這種賬要過一年半載，由沈家派人按照地址到各王公府邸去收，有的是全部本利清結，有的只收回利錢，而原本繼續欠下去，甚或有連利錢都沒收回來的，也是習見不怪。在沈家這方面，是能把利錢收回來，就算是好戶頭，而最歡迎的卻是連利錢都沒付的，那更加覺得合適，因為蒙古王公欠債，若是派人一收即付，這可能是有什麼不愉快的地方，下次再到北京來未必還去沈家暫住，以後便沒有來往，不

如那些只付利息不還原本的戶頭，可以成為固定的長川客戶，永不斷利。至於那些本利均未討回的，則又可利上加利套著滾了下去，這兩種欠戶，每年來北京必定要到沈家，以感情與信用維繫住了彼此的交誼。

　　沈家累世在外館做蒙古買賣，發了大財，清末時候，他家的主人名叫沈玉亭。此人有四十來歲，平生最喜歡戲劇，素日住在城外，養尊處優，很難得到城裏來一次，每遇戲癮大發的時候，便派管事的人進城約一班角色到外館唱堂會。因為他家的管事人毛先生與蔡榮貴是熟人，所以喜連成創辦以後，經毛先生的手，時常邀約喜連成科班去外館唱堂會，每個月總要有一兩次。沈玉亭聽慣了大班的戲，漸覺厭煩，突然改為科班，換換口味，顯得異常新鮮，何況喜連成的戲一向是以規矩整齊為原則，小孩兒們上臺演戲不偷懶、不鬆懈，使沈玉亭看了格外喜歡，連帶著也敬重他們的師長，因之喜連成班中，自葉老闆以下，各位教師都與他交好甚厚，每逢堂會，沈家對於這班師生，不但是酒饌招待，散了戲總要留他們住宿一宵，一則是天晚交通不便，再則清代北京在二更以後，照例關閉城門，堂會散戲多在深夜，事實上也不能不留宿在外。因為接近的機會多，交情便透著近，這些位教師之中，要以蘇雨卿先生與沈玉亭更稱莫逆，沈玉亭敬重蘇先生的人品敦厚，正直豪爽，不苟言笑，不善逢迎，每見他在後臺管事桌上正襟危坐，望之儼然，使人頓生敬畏之心。因此對他破格結納，二人常在後臺賬桌促膝談心，娓娓不倦。

清代末年的沈家專做「外館」（即外蒙古）的生意，往來客戶都是蒙古商人，蒙人商人家境殷實，腰纏萬貫。沈家則是京中巨富。圖為蒙古商人攜家屬晉京朝黃寺時的情況。

　　沈玉亭常說：「你們葉老闆把這個科班辦得這樣好，總算是牛東家付託得人。我實在羨慕極了，不過你們這些位教師輔導幫助，也是成功的原因之一。我真想有機會也拿出幾個錢來，交給你老兄，也替我主持著辦一個科班，不知老兄意下如何？」蘇先生說：「辦個科班談何容易，我這個把弟辦喜連成，是經過若干年的艱苦，才有了現在的收穫，當初乍一成立的時候，在西南園的一所小房子裏，收了最初入科的武喜永他們六個徒弟，不用說掃地做飯要自己動手，就是冬天卸下兩車塊煤來，也得自己冒著寒冷，蹲到院裏，一塊一塊的砸碎了。至於六個徒弟所穿的衣褲鞋襪，全是他的太太親手所做，這種苦境熬到現在，才熬出來這一點兒甜頭。我是只會教戲，若說創辦這種事業，實在沒有把握。」沈玉亭說：「蘇先生你太謙了，不過你們這些位，都是喜連成的開國元勳，我不能驟然間把你們哪一位給拉出來，拆了喜連成的臺。更不能辦一個科班與喜連成競爭對立，造成了同行是冤家的局面，所以我說要等待一個機會再說，就是這個意思。」蘇先生與沈玉亭經過了這一番談話，總算是彼此之間心中都有了個默契。這次牛子厚厭倦經營，葉春善又不肯接攬，因而想到當初沈玉亭有過這麼一句話，所以蘇先生才提議出城去找他商量。葉老闆對於沈家的財富深悉底細，知道如果他肯接辦，那是最合理想，便催著蘇先生趕快出城，到沈家接頭，才使得富連成又繼續旺盛了三十年。

科班易主轉入三慶

　　自從外館沈家接辦喜連成在民國元年舊曆七月十三日祭神之後，便考慮到出場的園址問題。因為廣德樓已有雙慶班長期露演，對方既不前來邀約，科班自然沒有再回去的道理。這時適有大柵欄三慶園也在空閒，沒接進長班來，園主姓李，他是前門外一帶有名的大混混，手下用的一班夥計都是地面兒上的朋友，眼皮兒最雜，消息非常靈通，喜連成科班換了東家，改稱富連成，在同興堂祭神的這件事，早被三慶園前臺一個管事的名叫駱九的打聽明白，回去報告了李園主。大家一核計，想到這八年以來，喜連成科班以武戲緊湊、文戲規矩，馳譽於廣和、廣德兩家，除了在東城丹桂、西城春仙演過短期以外，在前三門根本就沒進過別家戲園子，難得遇到這次廣德樓接雙慶班的這麼一個機會，正好把這新興的科班接了進來，必操勝券。派駱九前去接洽。

　　駱九這個人吃戲園子飯已經多年，認識的戲界朋友不少，這次奉命去接富連成，走在路上，先想一個引見之人，從葉春善想到了小榮椿科班，因而聯想

到劉春喜,便不前往鐵廠,先去李鐵拐斜街小外郎營劉春喜家中。恰巧劉春喜在家,二人見面寒暄以後,駱九說明來意,請他幫忙介紹,劉春喜與葉老闆是患難之交,此時也在富連成擔任教師的職務,聽完駱九的要求,當時點頭應允,讓駱九在家中候信,自己先到前鐵廠富連成學堂裏去見葉老闆,商量這件科班演出的大事。

劉春喜到了前鐵廠,正好葉老闆在後院看著武戲教師排戲。劉春喜看了一會兒,便邀同葉老闆到前院廳上來商談三慶園有意約請富連成長期演唱的事。葉老闆正因沈東家剛剛接辦,未便長此使這班學生終日在家練功,無處露演,既有劉春喜來探口風,自然可以給他一個圓滿的答覆。不過戲班的規矩,老闆雖然同意,也要由經勵科管事的頭兒去折衝交涉。當時就向劉春喜說,可以叫駱九直接找張廣瑛去洽商,只要條件解決,進三慶園或是進哪一家戲園都一樣,是毫無問題的。劉春喜告辭回家,駱九還在等候,得了這個回信,知道大體上沒有什麼障礙,次日就到崇文門外大石橋火神廟去拜訪張廣瑛,二人見面一談,相當的接近,因為在清末民初的時候,戲班裏與戲園子的交涉都很簡單,有一定的規例,戲班不能額外勒索,戲園方面也有範圍,所以在合理的條件下,便算定規了草約。二人分向各自的老闆稟明,三慶的李老闆還下帖邀請富連成的葉老闆與各位教師及管事的在飯莊聚會了一次。

清末北京大柵欄三慶園外貌。

當年舊曆七月，富連成科班便在三慶園中登臺，以簇新的行頭、齊整的劇藝和觀眾相見，雖然是停演不過月餘，無論新舊顧客，看了富連成的戲，都感到是蓬蓬勃勃，有一番再生的氣象。三慶園這個園子是在北京前門大柵欄中間路南，距離同仁堂藥鋪不過幾家店面，大門很窄，狹長的一條門道，迎面一堵影壁，向西拐是個小院，西面有櫃房兩間，上面還有小樓，這是前臺辦事的所在。戲場範圍大小與廣德、廣和都差不多，也能容下千餘的觀眾。順著戲樓往東走，再向南拐，有一條小夾道，靠面牆有小屋兩間，是後臺經勵科開份辦公的地點。再往裏去便是後臺，其面積更小於廣德樓，因為它地處衝要，位居鬧區，在咸同兩朝，四大徽班在這個園子裏也有定期的「長轉兒」。直到民國，四大名旦以及鬚生三大賢（余叔岩、高慶奎、馬連良），也都曾在此經常露演；不但富連成科班以此處為發源地，便是名武生李萬春，民國 12 年 9 月 8 日（癸亥七月二十八日），在北京初次登臺，唱《兩將軍》，也在此處。

《雲羅山》與《目蓮救母》

富連成在三慶園露演，第一炮就趕上了時近中秋，當然做了一期好生意。角色方面，除去本班中頭二兩科的學生外，搭班的坤角有余紫雲、明月英與唱老生的小翠喜。男角仍是明娃娃和九齡童。在這個時期，曾排了兩齣大本戲，一齣是《雲羅山》，這是一齣梆子的本戲，很少人唱，聽說當年老十三旦侯俊山搭寶勝和班，會唱過幾次，那只是單折子，而不是全本。至於富連成唱的，則是由頭至尾，全本文武帶打一天演完的戲。這一齣裏面，把明月英、九齡童、小翠喜、明娃娃、康喜壽、金連壽、元元旦（高喜玉）、海棠花（金喜堂）、趙喜魁、侯喜瑞、李喜樓、郭喜慶等等好角，都網羅在內。另外一齣，就是蕭長華先生給頭二兩科學生說的全本《目蓮救母》，這個戲雖然源出佛經，但已成為一個民間故事了。富連成這個戲是由劉氏青提齋僧佈道起，後劉氏反常，殺狗開葷，打僧罵道，五鬼封叉，活捉劉氏，接滑油山，遊六殿，母子團圓為止。這戲唱的是老旦一個人，如果沒有工夫，沒有好嗓子，絕對不能夠勝任。此戲是由遲喜珠扮劉青提。喜珠也是梨園世家，他父親名叫遲壽生，是在小榮椿坐科，唱二路武生。他伯父是名丑遲子俊，他叔父是武生遲月亭，後來有個余派老生遲世恭，就是他的親侄兒。

圖為富社學員演出《滑油山》的劇照。

　　遲喜珠進喜連成，是經管事艾清泉的介紹，乍一開蒙，本學的是老生，由蔡榮貴、王月芳幾位教他，頭科小老旦王喜祿患病，他又替他的老旦戲，到了喜祿夭亡，他才由蕭長華給他正式改入老旦行，「行路」、「釣龜」、「油山」、「六殿」，這一齣全本《目蓮救母》算是把他唱紅了，配以程連喜的目蓮僧、閻喜林的老院公、小百歲的醜丫環、蘇連漢的閻王、何連濤在活捉時飾大鬼、鍾連鳴飾滑油山的大鬼、王連奎飾遊六殿的判官。這個戲在十鬼封叉、活捉劉氏那場，有「跑臺」的場面。在民國元年，舊有「跑臺」的戲，像「十二紅」、「陰陽河」之類都已因淫褻禁演，觀眾想看這種「跑臺」的技藝，可說是難得一見。富連成在這戲裏，添上這場，十個大鬼舞著鋼叉，從臺上追著劉氏，跑圓場，最後由臺上越過欄杆，順著池座的長條桌，一直跑到臺下，出了戲場，繞進後臺，可以算得是一種別開生面的表演方式。

科班訓詞苦口婆心

　　葉春善治理富連成，是教化兼施，對於學生們的品行，比技能還要重視，在富連成歸了外館沈家以後，葉春善託他的一位姓李的朋友，擬了一篇訓詞，

前邊是六個字一句的格言，一共四十句。後邊又分為四要、四戒。八條訓詞都從通俗入手，求其使學生們聽了看了，易於接受瞭解。就請這位李先生用大幅宣紙把這些格言訓詞，寫成正楷，範以鏡框；並且將梨園條例與後臺規章，也寫了一大張，湊成一對，懸掛在前鐵廠學堂的中廳祖師爺神龕的兩旁。每遇收徒弟或遇到學生滿科等時候，舉行祭神典禮，便由葉社長口誦講解一遍，使學生們常聞習見，堪稱為苦口婆心。一說：這些訓詞是由蕭長華口述，而由這位李先生筆錄，由於其中所說的都是些內行話，雖然難免通俗，卻是一番金玉良言，又根據葉春善對蕭長華的言聽計從，這一說也很有可能。

現在將富連成科班對諸生的訓詞等刊載如後，也是一項有關國劇教育的原始資料：

> 傳與我輩門人，諸生須當敬聽，自古人生於世，須有一技之能。我輩既務斯業，便當專心用功。以後名揚四海，根據即在年輕。何況爾諸小子，都非蠢笨愚蒙，並且所授功課，又非勉強而行。此刻不務正業，將來老大無成，若聽外人煽惑，終究荒廢一生。爾等父母兄弟，誰不盼爾成名，況值請求自立，正是彼守競爭。至於結交朋友，亦在五倫之中，皆因爾等年幼，哪知世路難行。交友稍不慎重，狐群狗黨相迎，漸漸吃喝嫖賭，以至無惡不生。文的嗓音一壞，武的工夫一扔，彼時若呼朋友，一個也不應聲。自己名譽失敗，方覺慚愧難容，若到那般時候，後悔也是不成。並有忠言幾句，門人務必遵行，說破其中利害，望爾日上蒸蒸。

要養身體

凡是一個人，乃秉天地之氣所生，父母身體所養，生下一個人來，就應在世界上做事，何況我們這指身為業的人。什麼叫指身為業？就是自己去謀生計，假如家裏有錢，用不著自己，我們既是男子漢，本應當自食其力，俗語說：自己的錢，吃的香，嚼的香，你想身子若是不強壯，時常病病歪歪，什麼事都不能做，那不如同廢物一樣嗎？就拿我們這梨園行兒說吧，唱文戲的身子要是不強壯，嗓子如何能好的了，武行身子不強壯，還能打了武戲嗎？所以自己必須要把身子看的極貴重，千萬不可自己毀壞，並且還有許多的事，全仗著身子哪。養家立己，孝敬父母，這都是一個人應做的事，故此養身體是最要緊的。

這一段話，不但適用於富連成各科的學生，便是一般青年看了，能夠遵照

奉行，也是大有裨益的，當然富社的學生謹遵此訓的很多，不過言者諄諄、聽者藐藐的也還不少，中道夭亡、染嗜落魄的，真是難以枚舉。最顯著的，像三科的傅富銘、四科的趙盛璧、五科的俞世龍、六科的高元虹，無一不是美質良材，卻都自己斫喪得死無喪身之地了。

要遵教訓

師傅先生與父母所告訴的話為教訓。小孩差不多都是貪玩的心盛，師傅先生所說的話，總都是叫你們不可貪玩，趁著現在年輕，腦力正足的時候，多多學點本領要緊，怎麼樣的練工夫，怎麼樣可以成名，怎麼樣可以有飯食，怎麼樣的交朋友，怎麼樣是好，怎麼樣是壞，像這樣的話，你們小孩子家一定不喜歡聽，可知道古人有兩句俗語：良藥苦口利於病，忠言逆耳利於行。這兩句話怎麼講呢？比如有一個人，得了病啦，自然是得吃藥嘍，藥哪兒有好吃的呀，藥雖然是不好吃，吃下就可以治病，有病若是不吃藥，如何能好的了呢？這就叫作良藥苦口利於病。要說忠言逆耳利於行這句話呀，可就更說不盡啦，反正是我做事要是不對，人家才說我、告訴我，那肯說我、告訴我的那個人兒，我就可以拿他當師傅看待，可是這麼，差不多的外人誰肯說呀？自然是師傅先生與父母，所以師傅先生與父母的話，必須要記在心裏，這就叫作遵教訓。

要學技藝

技藝就是自己的本領，我的本領好，定然人人說起都要誇獎，某人某人的本領真好，不論是作哪一行兒，人家越誇我好，我是要比人還好，這叫做精益求精，千萬不可人家一誇我好，我自己覺著我的本領是真好，某人某人他不如我，你盡想不如你的那些人啦，你就沒想想比你好的人還多得多哪！你們必須明白，學本領沒個完的時候，要是說到這兒，可就是得自己用心研究啦，師傅領進門，修行在各人，師傅教導我之後，我自己再去用私工夫，漸漸的就習慣成自然了，那才有長進哪。俗語說：行行出狀元，你們總曉得罷，你們既是入了這一行，就得研究這一門的學問，還有幾句用工夫必須遵守、最要緊、最忌諱的言語，你們務必時時刻刻的記著。

最要十則

要分平上去門，要分五方元音，要分尖團訛舛，要分唇齒喉音，要分曲詞崑亂，要分徽湖兩音，要分陰陽頓挫，丹田須要有根，唱法須要托氣，白口必須要沉。

最忌四則

最忌倒音切韻，最忌噴字不真，最忌慌腔無調，最忌板眼欠勁。

要保名譽

　　一個人的名譽是最要緊的，名譽好，人人說起來都誇獎他好，名譽不好，人人說起來總都不喜歡他。凡是一個人，為什麼叫人家不喜歡呢？這就是不論什麼事，自己想著是件好事，然後再做，要不是好事，你就做不得，要是做了，自己的名譽可就壞啦，所以得保護自己的名譽。

戒拋棄光陰

　　光陰就是一天一天過的日子，凡是一個人，也不過活上兩萬多天，這算是歲數大的，自落生以來到十歲以內，自然是小孩子家，好歹全不知道嘍，這十年的光陰已經是白費啦，若到二十歲，就耽誤啦，若再到三四十歲以後呢，簡直就算是個無用的人啦，所以不論作什麼事，就在十歲至二十歲這幾年的時候，記性也好，腦力也足，因為什麼？小時候記性好、腦力足哪，就是心裏頭沒有外務所染，學什麼都記得住，你們生在十歲裏外的時候，要不趁著這年紀練工夫，學本領，恐怕到了明白得要學本領的時候，再學呀可就全不記得了，所以這幾年的時候很要緊很要緊，千萬不可拋棄了。

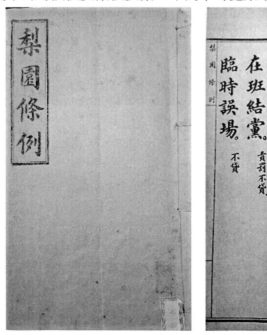
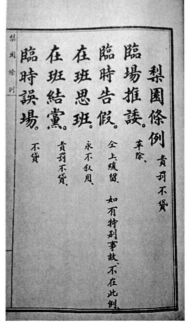

富連成教授王連平在民國十四年出資印製的《梨園條例》僅二百冊，存世甚稀。

戒貪圖小利

世界上貪圖小利的人最多，古人有兩句俗語，貪小利，受大害，就是貪小便宜吃大虧，不但錢銀叫做利，是有便宜的事都叫做利，天下的事，哪兒有許多的便宜，必有害處，故此便宜不可貪。

戒煙酒賭博

煙、酒、賭博這三件事，是與人無益的，有志氣的男子漢決不為的，因為最容易把人染壞了，先拿喝酒說罷，又容易傷身體，又容易耽誤事，又容易得罪人，又容易壞自己的名譽，再說吃煙，比喝酒的壞處也不少，要是說賭錢哪，噯呀，你想哪一家的富貴是贏來的，哪一家的子孫是贏來的，所以賭錢這一條道兒，喪德敗家極了。

戒亂交朋友

交朋友是最要緊的一件事情啦，你們長大成人還能夠不交朋友嗎？朋友雖然得交，然而千萬不可亂交，未曾交這個人，先訪訪這個人的歷史，他是哪行人，他所做的都是什麼事，是好是歹，名譽如何，他所交的，都是哪等人物的朋友，自己酌量酌量再交，所謂居必擇鄰，交必良友，就是住街坊，須要搭那正人君子的街坊，交必良友，就是交那正人君子有用的好朋友，什麼叫做有用的好朋友哪，就是我做了什麼不對的事，他肯說我，我說了什麼不對的話，他肯告訴我，我做功課，有什麼不好的地方，他肯教導我，那就是與自己貼近的近人，像這樣有恩於我的朋友，必須要報答他。要糊塗人一想，怎麼某人他竟說我呀，我是實在的不願意聽，慢慢的，可就拿他當作不知心的外人啦，不免就要疏遠他，把這樣的人一疏遠哪，自然就沒人拘管著我啦，日久天長，那奉承我的人可就來了，當時自己哪兒知道他是有心奉承我哪，這一奉承我呵，就不免有心是盤算我，處處的奉承我，處處的捧我，不論做了什麼不對的事，他都捧著說我做的對，不論說了什麼不對的話，他都說我說的對，應該這麼說，所謂甜言蜜語哄死人不償命，短刀藥酒，蜜餞砒霜，要是把這樣人當作自己貼近的人，那可就糟啦！所以交朋友若看不出是好人歹人，有個腦袋，就拿他當心腹的人，倒把那真正好人扔在一邊，將來一受害就不小。假如我若是受過什麼樣子的害處，千萬可別忘了我是怎麼受的，以後若要再遇見這樣的事，就可以比較出這是件好事，還是件壞事來啦。所以俗語說：有恩者須當報，受害者不可忘。交朋友能夠不慎重嗎？

　　以上八條，乃為人處世之利害，關係至重，切要知世態炎涼。前四條，是要必須學它，後四條，是千萬不可學它，今特詳細列出，望爾諸生等均各自遵守，現在門人甚多，講演一時不能普及，特此黏懸，以為後戒。

　　以上這一篇訓詞，乍一瞧彷彿是有些老生常談，陳腐舊套，實則句句金玉，內含至理。這篇訓詞，與「梨園條例」，分別寫成兩塊三尺來高、四尺多寬的橫匾，懸掛中廳，二三兩科的學生，耳濡目睹，非只一日。到了民國10年9月間，由前鐵廠遷移社址於宣武門外虎坊橋，因祖師殿房屋較矮，未便懸掛，便擱置在後院小夾道內，經過日久，塵封殆遍。至民國14年春，王連平想到這兩塊匾額，一方是師傅的訓道箴規，一方是梨園的金科玉律，都有保存的價值，不能使之長此湮沒。便託我到他們學堂裏面去照抄一份，那時候楊盛春、孫盛雲等還剛登臺唱戲，沒事的日子都留在學堂練功。我吃了中飯，到了學堂，便由這二個熟人招待，朱盛富綁著蹻，在院裏跑圓場。那一天我抄錄完了，已是下午六點多了，後來重抄一遍，交給連平，由他自己出資，印成單行本二百冊，分贈給各位先生、師長及各同學師兄弟。葉老闆見王連平能如此重視師訓，命人把這個兩塊匾再抬了出來，打掃乾淨，重新揭裱，再懸掛起來。王連平所印的單行本，不但同學們向他索取，還有許多內外行朋友也問他要，兩百本當然不敷分配，丙寅（民國15年）仲秋，他又再版三百本，所以這篇東西，才流傳到了外界手中。

富連成教授王連平（左）和王喜秀（右）。

第十章　富連成重視梨園規約

梨園條例十大班規

　　富連成葉社長之所以託人把「梨園規約」寫繕裱懸，就是為了使他的徒弟人人都曉得舊規矩，將來出了科，離了科班，跑外碼頭，不至於觸犯規章，遭受懲處，給師門去臉，給自己碰硬釘了。故而凡是富連成出來的學生，以及梨園世家的子弟，都應對梨園規約大小有個譜兒，倘若有明知故犯者，那簡直就成為笑話啦。

　　「梨園規約」的第一條就是「臨場推諉」。下面注明的處分是「革出梨園，永不敍用」。什麼叫臨場推諉呢？因為早年各戲班每齣戲的角色都有本主，譬如譚鑫培在四喜班唱《打棍出箱》，一定是王長林前樵夫，後趕報錄的，金秀山的葛登雲，錢金福的煞神，只要戲碼一派出來，戲單上雖未寫人名，催戲的沒有去催，但角兒來到了後臺就扮，絕沒有說戲都快上了，再告訴管事的說，我不來這個活，那就是「臨場推諉」了。所以這種過失，要受嚴重處分，就因為他不應「臨場」再「推諉」，你要不上去誰應該上去？如果不會這個角色，管事的硬派你來，那自然是管事的錯處，倘若事先沒有聲明，說我不會，臨到登場，再推諉不肯扮戲，故意要看個笑話，這便是「臨場推諉」了。這一條的重點，全在「臨場」兩字，所以處理這類事的時候，也要審查明白，他是否已屆臨場，而後推諉，如果情實不屈，那麼此人的心向，便為不正，革出梨園，就是驅逐害群之馬的意思。

臨時告假革出本班

　　以次就是臨時告假，罰則也是「革除、不敍用」。這僅是革出本班，不再

敘用，與前條的「革出梨園」不同。所謂「臨時告假」，這裡面含有伶人故意拿蹻的成分，做老闆的決不容許這種人肆行無忌，擾亂大局，所以在開戲以後，有本班角色臨時請假者，要查明情形，甄別是非，倘因家有喪事，或是本人突患急症，甚至一切不得已的情形，當然不在此例，否則無故臨時告假，便是違犯這一條規了。記得民國 11 年秋間，老三麻子王鴻壽到了北京，搭進高慶奎的慶興社，演出於鮮魚口華樂園，舊曆八月初二起，排演《七擒孟獲》，高的孔明，王的孟獲，李洪春的馬岱，李洪福的王平，沈華軒的趙雲，李鳴玉的山神，黃潤卿的楊夫人，九陣風的祝融夫人，慈瑞泉的帶來洞主，遲月亭的金環三結，郝壽臣的魏延，侯喜瑞那時每天掙六弔錢（合銅幣六十枚）的戲份，只夠扮個孟優。這戲一連唱了四五天，場場滿座，尤以山神指路那一場，高慶奎、李鳴玉、沈華軒、李洪春、李洪福與郝壽臣六個人，合唱連彈，幾乎是一段一個滿堂好，角兒們的風頭出足了，前後臺的錢也確實賺了不少。郝壽臣一看大有苗頭，首先藉口太累，要求增加戲份，後臺那時的大管事是趙世興，當時拒絕，第二天剛開戲，郝壽臣就派人帶信，來了個「臨時告假」。當時後臺一陣大亂，都認為是非退票回戲不可，結果高慶奎想到讓侯喜瑞抵補，替唱這個魏延，一直演到了中秋節後，並沒有掉座兒。而郝壽臣便因此而下了生意，這也算是臨時告假的一個例子。

《迴荊州》中楊小樓飾趙雲、劉硯亭飾張飛。

以下一條是「在班思班」，則是言某伶人在本班中服務，但又想加入另一其他的戲班，因而對於自己的職責上，顯出來懈怠，類如上臺不賣力，在後臺蠱惑同人集體叛離，這種情形，都屬於「在班思班」。論罰律是應該「永不敘用」的。

責為責打罰乃罰香

「在班結黨」：北方人有句俗語，說「梨園行中人，不講義氣」。其實梨園行中人，是最重義氣。固然忘恩負義的人，不能武斷絕對沒有，比較起來還是行俠仗義的人多，遠如梅巧玲、路三寶，近如尚小雲、蕭長華之流，這都是人所共知，有事實可證的。因為梨園行講義氣，交朋友就熱心，更難免感情用事，所以一個戲班的同作，常有張三與李四相好，趙大與王二結交，見之形式的，拜為金蘭，不露痕跡的，也要誓共患難。這種交情，因為氣味相投，漸至呼朋引類，很快的時間，就能聚集四五人，乃至十餘人，結成一個同盟弟兄共榮辱的一黨。這宗人以二三路的角色最多，勢力大了，不僅容易發生打架鬥毆，甚或可以起哄鼓譟，遇事要挾，這個風氣，是戲班裏最要不得的。故而班主為了防微杜漸起見，把「在班結黨」這件事，也懸為厲禁，如有人違犯，其懲處方法是「責罰不貸」。

「臨時誤場」：這是指那些顧頇大意的演員，或是已扮好了戲，還在後臺任意談笑，到了應登場的時間，竟未出臺，使在場上的角色感到困窘，使臺下的觀眾看成笑話，雖然經人提醒，倉促趕出，在時間上，已經停了幾分鐘，抑或幾秒鐘，這種誤場，按梨園條例所載的懲罰，是「不貸」兩字，言其是或責或罰，班主可以酌辦，是決不寬恕的。

「背班逃走」：這種情形，簡言之就是單人獨馬不辭而別。無論是與管事的不和，或與同人不睦，也應當光明磊落，正式辭歇，如果不動聲色，潛逃匿跡，一經查獲追回，依照條例，是應該「追回」，從重懲罰，不留，就是打完了再驅逐出去，本班中不再收留他了。

所謂「責」，是在祖師爺龕駕前，請出「戒方」來打若干板子。「罰」就是「罰香」，那時候北方的高香，不過賣一枚銅錢一股，每封是五股，僅費五枚銅圓。「罰香」是一句話就要罰幾十封，甚或一百封香，就要一塊多錢，那時相當的夠人負擔了。普通的一個戲班裏，在祖師爺駕前用的高香，很少是由賬上支錢購買，以罰的香供獻居多。現在的戲班，後臺裏已經很少有再供奉祖師爺的了，其實這樣很容易使年輕的學子們失去了敬畏之心，而形成了為所欲為

的習慣，同時後臺裏這個「罰香」的制度，也就無形中取消了。

以下是「夜不歸宿」應予「責罰」，這當然是指科班弟子而言，「夜晚串鋪」應「重責」，並「罰跪」，這也是指科班弟子的，所謂串鋪，即合床而睡，也是有禁例的。「偷竊對象」，是「重罰，不留」。「設局賭錢」與「口角鬥毆」以及「倚強壓弱」等三項均應「責罰」，這些事都是屬於「私底下」的事。為了紀律的整肅和秩序的安寧，所以上述各節，都是不許違犯的。

還有「剋扣公款」，是貪污的行為，一經查明，應該予以「責罰，不敘用」的處分。「無事串班」是隨便往另一戲班內去串門閒談，這種行動可能引出許多口舌是非與無謂的糾紛，所以違者必須「責罰」。「歇啞巴工」，就是因事或因病不能登臺，又未託人帶信請假，若按條例是「如辭班」，亦有「責罰」的處分。

還有九項，都是關於在臺上演戲的規律，觸犯者均應受「不貸」的處分，所謂「不貸」，這裡邊便有了通融的餘地了。類如責打、罰香、申斥、罰跪等，都可以視情節之輕重而定。這九項就是「扮戲耍笑」、「扮戲懈怠」、「當場開攪」、「錯報家門」、「臺上翻場」、「當場陰人」、「混亂冒場」、「登臺卸場」、「臺上笑場」。現在看戲，不用說臺下的觀眾，雖後臺管事也很少再重視這九條規章。

最要最忌後臺責任

前面所說的二十四條，就是「梨園規約」，雖然解釋的繁簡不同，但無拘內外行，還都可以看得明白；下邊還有「最要」與「最忌」兩則和「後臺責任」等項，原文都是語體，更無需再加注釋。

「最要」：後臺不得犯野蠻。闖撞祖師龕鑾駕、供器桌。鬥毆、拉賬。捧牙笏。砸戲圭。後臺座位、管理，各有次序，不得擾亂。首事人坐賬桌。催場人、上下場，坐後場門。旗包、生行，坐二衣箱（靠、鎧、箭衣、袴衣、褲、襪、馬褂、僧衣、茶衣、條帶，歸二衣箱）。貼行坐大衣箱（喜神、牙笏、蟒、官衣、褶子、斗篷、女褲、裙子、帔、開氅、雲肩、坎肩、汗巾、腰帶、絹帕、扇子、朝珠，歸大衣箱管理）。淨行坐盔頭箱（盔、巾、冠、帽、翎尾、篷頭、鬢髮、髯口、增容、網子、水紗、牛角簪、懶梳妝等，歸盔頭箱。玉帶、羽扇等盔頭箱、大衣箱均有責任）。末行坐靴包箱（即三衣箱），（胖襖、水衣、墊片、青袍、卒褂、女蹺、龍套等，俱歸三衣箱管理）。丑行不分，彩匣桌（勾臉應用顏色、彩頭、金銀一切等項）。梳頭桌（梳頭應用一切器具）。後場桌（管

理一切小靶子、小彩砌末等件）。武行，上下手，坐則規定把子箱。

最忌：後臺不得坐箱口，大衣箱不准睡覺，箱案不准坐人（大衣箱最重要），不得兩腳磕箱，上帶不得白虎，後臺不准晃旗，加官、財神、喜神各臉，後臺不得仰面。戴臉不准照鏡說話。戴王帽遇草王盔，不得同箱並坐。扮關公神佛角色，須要淨身。後臺不得做事，淨行不得添彩條，生行忌落髯口，貼行忌添頭、掉蹻、落褲，貼行扮戲不得赤背，扮相不得掉頭忘尾，扮戲不准吃煙，後臺不得張傘（因傘諧音為散也）。後臺不准弈棋（如下棋之「將軍」，即置對方於不利）。後臺不得合掌，後臺不准搬膝，前臺不准言更（「更」讀「經」字音），後臺不准言夢（「夢」讀「兆」字音），青龍刀、白虎鞭、火髩、盤龍棍、大小槊、降魔杵、大纛旗、靈官鞭、鬼頭刀、雷公錘、鑽（拉空弓，扔彩頭）、彩匣朱筆等件，不得亂動，如犯重責。

後臺責任：生末行扮加官，淨丑行扮財神，淨丑行扮魁星，武行扮雷公，上下手穿形（上手穿龍形，鶴形，貓形，驢形，一切大形；下手穿虎形，狗形，狐形，鼠形，一切小形）。九龍口言公，生淨行言公，領班人調查，丑行調查，武行頭掌刑，管伙食人掌刑，丑行開筆名勾臉，生淨行上臺開戲。

以上規條，內分最要、最忌、責罰、秩序、坐位、責任各款，詳細列出，我輩同人，各宜遵守，不得自誤，官工日期，不得私自彩唱，違者按例責罰不貸。

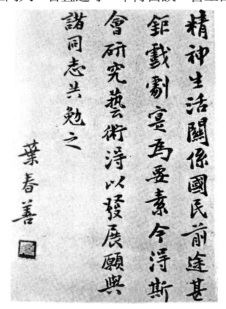

葉春善為國劇學會成立題寫的賀詞。

梅蘭芳為富連成社題寫的社名。

第十一章　枝繁葉茂桃李成蹊

葉師門下先連後富

　　喜連成雖已改稱為富連成，但是頭一科喜字班的學生，還有大多數留社服務，二科連字班的學生，也都沒有學滿出科，從民國2年末，已然開始招收第三科的生徒，因為班名已改，所以第三科的學生，便由「富」字排起。有人懷疑既稱富連成，應當先富後連，不知道以前還有個喜連成，所以第一科是「喜」字排行，第二科是「連」字排行，這「富」字只能作為第三科的排行了。而且二科連字班的學生，都是民國以前入學，到了外館沈東家接了牛東家的買賣，這些人便繼續在富連成習藝。事實上所有學生入學時，訂立契約上面，全是寫明「某人願將己子，拜與葉師名下……」並沒有「喜連成」或「富連成」的字樣，所以喜歡研究富連成歷史的人，要知道「喜連成」是牛家科班的字號，「富連成」是沈家科班的字號，葉春善是牛、沈二家請來的老闆，各科的學生都是葉老闆的門徒，在「喜」「富」兩社坐科，與牛、沈兩個東家是不發生直接關係的。

　　富字班學生，入科的年齡差不多都在九歲至十一歲之間，年紀最輕的，只有一個高富遠，他是七歲進的富連成，所以他的藝名叫七歲丑。若論第三科中，年歲最大的要算馬富祿，他是光緒二十六年庚子生人，比馬連良、王連平、于連仙、駱連翔都大一歲。他原名漢忱，號叫壽如，弟兄姊妹三人，他最幼，所以當時的一般內行都尊他為馬三爺。他父親名馬成麟，在前清時候，充當北城坊的捕頭。富祿八歲進鳴盛和科班學習老旦，未到滿師鳴盛和就報散了。那時與他同學的郝喜倫、牛喜蓬、于連泉、劉連湘等人，都先後投進喜連成繼續學戲，再求深造。馬富祿離開了鳴盛和，在家中休息了一個時期，到了民國3年，

他已然十五歲了，才經富連成頭科武淨劉喜益的介紹，進了富連成學戲。劉喜益那時已是富社後臺的武行管事，還兼任教戲的職責，所以有介紹孩子們入科的資格。富祿年紀雖大，身量並不算高，雖然是帶藝投科，有了科班的底子，為了教學的方便，就把他補進第三科，改名為馬富祿。

沈家接管了喜連成後改為富連成，社址遷至虎坊橋。

馬富祿由老旦改丑

馬富祿入科之始仍然是學他的本工老旦，富連成在五科以前，就沒有專任老旦行的教師，凡是老旦戲都由蕭長華先生教授，馬富祿自也不例外。那時候頭科老旦王喜祿（藝名小龔處）已然夭逝。遲喜珠也出了科，卻還留社服務。二科的老旦唐連詩亦能獨挑一齣，博得部分觀眾期許。馬富祿新來乍到，他在鳴盛和科班所學的正戲，因為有喜珠、連詩兩個在前，像《釣龜》《六殿》《斷後》《龍袍》，都輪不到他唱，只能演些邊邊沿沿的老旦角色，類如小翠花唱《喜榮歸》，他扮個老夫人。在《八大錘》裏，陪著程連喜、小金鐘（時值倒倉，反串王佐）飾演乳娘，連《樊江關》的柳迎春，《轅門斬子》的佘太君，都是唐連詩唱。他剛進科班時，那種抑鬱不得志可以說是無與倫比的了。蕭先生看出來他是才堪大用，嗓門兒又豁亮，總在老旦圈中打旋轉，是沒有多大發展的，因而便教他改學小花臉。

馬富祿既改習丑角，舉凡官衣、方巾、彩旦、蘇丑，他是無所不學。但以氣度舉止而論，富祿並不適宜於官衣與方巾，演蘇丑更無雅骨。他擅長的戲，還是與小翠花配玩笑戲裏的丑角，為最對工，譬如《打刀》的吳衍能，《打灶》

的田二郎,《打櫻桃》的秋水,都是絕活。當時北平評劇家景孤血說,馬富祿是個「性丑」,這兩個字難為他想出來,實在是確評,因為馬富祿遇有調情逗趣的戲,演來真是淋漓盡致,恰到好處,像《雙鈴記》的賈明,《挑簾裁衣》的王婆等等,後起之輩誰也比不了他。若使他扮上文雅一點的角色,那就比不上同科的師弟茹富蕙了。

馬富祿雖是滿身傖俗,他演《荷珠配》中的趙旺,《鴻鸞禧》中的金松,《雙沙河》中的魏小生,《紅門寺》中的張康侯,卻是恰合身份。至於湯勤、蔣幹,固然也都能演,究竟令人看著不像,也就沒有精彩可言了。不過有些出彩旦的戲,實在不錯,類若《普球山》的竇氏,《鐵弓緣》的陳氏,《浣花溪》的魚氏,《鐵蓮花》的馬氏,這都是他負譽多年久為人們所稱道的。因為蕭長華先生一向就以這些婆子戲為拿手。在蕭先生中年時代,丑行的好角兒太多,他的前輩中有羅百歲、趙仙舫,與他同行並列的又有李敬山與張文斌,所以蕭先生那時因為資望的關係,根本來不上大活,只好往彩旦這一門下工夫,他的玩藝兒,是私淑羅百歲,而羅百歲又親炙過劉趕三,請想蕭先生的彩旦怎麼會不好。馬富祿是蕭先生手裏給他改的丑角,自然把各齣戲的竅要儘量傳授,至於方巾、袍帶的戲,馬富祿就顯得差一點兒,也可說是限於天賦,能夠對工的戲,再經名師指點,當然就不同凡響了。

青年時期的馬富祿在《釣金龜》中飾康氏。

富連成的規矩，是除去專重唱工的老生、花臉與正工青衣以外，任何一行角色，在清晨用功，都得參加武工的訓練，這是若干年如一日的習慣。富祿因在武功上有了根底，對於普通的武丑戲也可以應付，《溪皇莊》的賈亮，《八蠟廟》的朱光祖，在科時期全都常唱，不過那時二科有張連寶與韋連宴，三科裏也有一個張富湘，不容許他長期喧賓奪主，但富祿嗓子好，膛音足，念一大段京白，真能響堂，到了後來在外面搭班，以《連環套》帶盜鉤的朱光祖壓倒群倫，直至葉盛章成了名，他才把這戲掛起來。所以孫盛武有時也應這個角色，不算反串，而稱「馬派」，那是馬富祿的馬派，不是馬連良的馬派，實際上孫盛武演得確不如馬富祿演得好，其餘不如孫盛武的文丑也敢擅動這戲的，那更是「自郎以下」了。

馬富祿在鳴盛和科班同學的師兄弟，凡是轉學進了富連成的，不是列入喜字班，便是排進連字班，唯他一人列入了富字班。這固然是因為他入科時期較晚，更兼身量不高的緣故，但是他入科之際，正趕上富連成招收三科富字班的學生，卻是一個主要的原因。富連成招收三科學生，是從民國2年開始，直到了民國8年陸續入科的學生，都按富字排行，全屬於第三科，總數在一百名以上。同是這一科的同學，年齡能相差六七歲，這就是入科先後的不同，所以葉老闆把富字科的學生，從三科起，每科都分成了大小兩組，直到了第六科的元字班，向例如此。一般人僅曉得富連成——喜、連、富、盛、世、元、韻，有七科學生，實際上三、四、五、六每科都分為大小兩班，所以這一個歷史悠久的戲劇搖籃裏，培養出來的人才，竟有十一科之多呢。

第三科的學生中，以馬富祿滿科最早，他是民國6年7月16日（即陰曆丁巳年五月二十八）燒的香（內行術語，謂學戲期滿為燒香）。但是他乃帶藝投師，在富社入學，僅僅三年有餘，不似其他生徒，訂立了七年的契約。若論富字班的大弟子，第一是武生姚富才，他在民國7年5月11日滿科（即戊午四月初二），第二是武生蘇富恩，在民國8年3月3日滿科，（即己未年二月初二），第三是武丑張富湘，也是在這年7月6日滿科（即己未年六月初九），至於滿科最晚的，是青衣杜富興與小生杜富隆昆仲二人，他們是民國14年1月14日（甲子年十二月二十）滿的科。還有武二花蘇富旭，在民國14年端陽以後，記得是很熱的一天，他才燒香出科，這是富字班最後出師的三個人。內中以杜富隆年紀最小。

所以前邊說的姚富才、蘇富恩、張富湘三人，這就是大三科的頭，杜富興、

杜富隆、蘇富旭三人，便是小三科的尾。

富社弟子遍及全國

　　喜連成科班在民國元年以前，雖已聲譽四著，月有盈餘，但是不斷地遭遇顛沛播遷，又逢到國喪停演，易鼎改元，更加卜一場壬子兵變，始終在風雨飄搖中，度過了八年。等到沈玉亭接辦過來改稱為富連成，招收了大三科的學生，這才欣欣向榮，日見轉機，所以富社的奠定基礎是由於大三科，發揚光大也是由於大三科。

富連成的演出，得到社會輿論的一致承認，獲得了「國劇正宗」銀盾獎牌。

　　喜連成頭二兩科所收的學生以外界子弟居多，縱然間或有幾個梨園後輩參加其間，也是有特殊的關係，或者是經本班中教師的介紹。因為那時，科班林立，前仆後繼，很少有辦得年代長遠的，一般的內行心目中，只覺得寧願請一位富有教學經驗的梨園名宿到家裏來擔任家庭教師，或把兒女們拜在名角門下學徒，也不肯把他們送進科班去，免得將來苦學未成，半途而廢，耽誤了後輩的前程。這種觀念，直到進了民國，才慢慢地打破，所以從三科以後，內行子弟投進富連成拜師學藝的，才漸漸增加起來，例如譚富英即是譚鑫培看富連成辦得很有規模，才把孫子送進科班來的。

　　還有一件最傷腦筋的事，就是頭二兩科的生徒，一旦學滿出師以後，倘是不願留社，脫離了富連成，去到外面搭班，必要受人排擠，再不然就是無班可搭。有些愛造謠言的人還編出一套無稽之談，說：「凡是在富連成坐過科，學

出來的玩藝兒，到了外邊，大班裏是『不通大路』的。他們在文戲中的唱詞、念白，與武戲中的起打套子，都與外邊翻著，連打一套『麼二三』，或是『三十二刀』，全和外邊是反著的。」這類話在民國二三年間社會上流傳很盛，原本是一種小人嫉妒、淆惑聽聞的傳說，不足置信，請想當年喜連成所請的教師都是選拔的梨園名宿，焉能捨正路而不由，把一些歪曲的玩藝教給學生，使他們將來到外面「不通大路」，貽師門之羞，為盛名之累呢？所以事實勝於雄辯，這些讕言是久而不攻自破。但是喜連成頭二兩科畢業的學生乍一出來，不容易搭班，確是實在的。葉老闆見了這種情形，異常痛心，因為他愛護自己的徒弟一向是甚於子女的。有一天，他拍著蕭長華先生的肩膀說：「老弟，你幫著我把這個科班，咱們辦得好好的，我希望在二十年之後，所有北京城裏各大小戲班，讓他們沒有我們富連成的徒弟，就開不了戲。外埠的戲班，沒有我們的徒弟，或是沒有我徒弟教出來的再傳弟子，就成不了戲班。」

這一番話，不到二十年，果然就應驗了，不但富連成學生遍於中國戲班，就是上海、北京兩戲校，榮春、鳴春、天津稽古社各科班，哪一處沒有富社的學生執教管事。以上各科班出來的男女學生，都得算是「富連成的再傳弟子」，可見葉老闆這一句話竟然一語而中的了。

一批富社弟子如張喜海、董盛村、蘇盛軾、朱世友、哈元章、馬元亮、孫元彬、孫元坡等，跨過海峽將餘生貢獻於臺灣的京劇繼承人培養。他們為臺灣京劇發展所作的貢獻，至今為海峽兩岸京劇人傳頌。